2021年主题出版重点出版物

独龙相册

从刀耕火种到全面小康

宋嫒 著　宋林武 等 图

云南人民出版社
云南民族出版社

前言

在中国共产党成立100周年大会上,习近平总书记向世界庄严宣布:"在中华大地上全面建成了小康社会,历史性地解决了绝对贫困问题。"曾经积贫积弱的独龙族也走出了一条波澜壮阔的脱贫奔小康之路,实现了从刀耕火种到全面小康,创造了人类减贫史上的奇迹。

独龙族是我国从原始社会直接过渡到社会主义社会的人口较少民族。在中华人民共和国成立初期,独龙族还处于原始社会末期,刀耕火种、采集狩猎、居无定所。70多年来,独龙族在中国共产党的关怀和领导下,自力更生、艰苦奋斗,不断改善生产生活条件和转变生产生活方式。2018年,独龙族率先实现从整体贫困到整族脱贫。这是我国首次实现一个民族整族脱贫。2020年,独龙族与全国各族人民一道同步全面建成小康社会。

父亲宋林武在怒江州工作生活26年,曾经穿过军装、吃过干粮、爬过雪山、住过哨卡,和当地干部群众并肩作战,老百姓亲切地称他"老扶贫"。从1978年第一次走人马驿道进独龙江至今,他每年数次进独龙江,不间断地调研、拍摄、记录独龙江峡谷的变迁、独龙族的发展变化。他时常被扎根独龙江的外来干部和部队官兵"以苦为乐"、守护边疆的奉献而感动,被独龙族干部群众自强不息的精神和爱国爱党的真挚情感而感动。我作为一个在怒江长大并持续30年跟踪研究农村贫困和发展问题的科研人员,数次深入怒江和独龙江地区走村入户开展调查研究,也深深地为独龙族创造出的发展奇迹和奋斗精神而慷慨激昂。有感于此,我和父亲创作了这本专门记录独龙族脱贫奔小康发展史的画册。

父亲常说:"独龙之难,难于上青天。"20世纪60年代以前,进独龙江只能靠砍刀开道,运送物资只能靠人背,从贡山县城到独龙江地区要翻山越岭走七八天。后来修建了人马驿道,从贡山县城到达独龙江乡政府所在地巴坡村也有三四天的行程,也还要翻越雪山,晚上还要在边防营搭建的小木屋里歇脚(来往行人亲切地将小木屋称作"雪山旅社")。20世纪90年代末，独龙江终于通了公路，父亲第一次乘坐吉普车进独龙江，行程8个多小时，道路坎坷不平，途中时常遇到暴雨、山洪、塌方、暴雪……但比走人马驿道方便多了。

父亲也时常感叹："独龙之变，一路解千愁。"2014年年末，长达6.8公里的高黎贡山隧道通车，结束了独龙江地区半年大雪封山不通外界的历史。2018年，独龙江乡实现了村村通客车。道路发生变化的同时，独龙江上的桥也发生了变化，从溜索、藤篾桥到钢索便桥、钢板桥、人马吊桥、公路桥，天堑变通途。随着交通的日益便利，在党和政府的关心下，乡亲们的住房也发生了巨大变化，从干栏式篾笆茅草房和落地井式木楞房到石棉瓦和铁皮作房顶的安居房，再到今天水、电、网络、通信、厨房、卫生设施齐全的安居房。村寨面貌也焕然一新。村间道路、文化活动室、篮球场、卫生公厕、现代通信、集贸市场等一应俱全，还新建了博物馆、敬老院，实现了人干净、户清洁、村整洁，呈现繁荣美丽宜居新面貌。

独龙族从根本上得到了长足发展。旅游业、特色种养殖业和商品贸易快速兴起，群众增收渠道不断拓宽。教育、卫生等公共服务和社会保障能力及水平得到前所未有的提升，群众的获得感、幸福感、安全感得到前所未有的增强。如今，独龙族男女老少的脸上都洋溢着自信的笑容，从以前见到客人躲闪不及，到现在微笑着主动打招呼，聊起未来滔滔不绝。

独龙族"一跃千年"的巨变，是中国精神、中国价值、中国力量的生动写照，是中华民族精神和时代精神的赓续传承。

目 录

前 言 | I

第一章　秘境独龙流神韵 | 001
一、峡谷秘境独龙江 | 004
二、"太古之民"独龙族 | 018

第二章　当家作主站起来 | 041
一、跨越原始迎新生 | 044
二、直接过渡跨千年 | 052
三、军民守边鱼水情 | 068
四、共建共治强起来 | 086

第三章　一"路"解千愁 | 101
一、草径天梯行路难 | 105
二、人马驿道生命线 | 115
三、简易公路促发展 | 129
四、柏油马路奔小康 | 138
五、竹溜索到公路桥 | 143
六、发展驶入快车道 | 159

第四章　一"房"安民心 | 169
一、散落的千脚落地茅草房 | 172
二、改造的铁皮石棉瓦顶房 | 178
三、集中居住的新村砖瓦房 | 188
四、步入现代文明生活方式 | 208

第五章　共圆千年小康梦　｜　223
　一、刀耕火种难求生存　｜　228
　二、科学种养缓解温饱　｜　240
　三、增产退耕解决吃粮　｜　256
　四、多元产业加快脱贫　｜　270
　五、生态经济筑牢小康　｜　282

第六章　幸福生活比蜜甜　｜　301
　一、孩子有学上　｜　304
　二、有病能就医　｜　334
　三、生活有保障　｜　347
　四、文化更自信　｜　353

结语：更好的日子还在后头　｜　365
　一、奋楫笃行扬新帆　｜　369
　二、勇毅前行创未来　｜　374

后　记　｜　386

第一章 秘境独龙 流神韵

独龙族聚居在中国西南边陲云南省极西北部、高黎贡山以西、中缅交界地带的独龙江峡谷，属云南省怒江傈僳族自治州贡山独龙族怒族自治县（以下简称"怒江州贡山县"）。这里四面高山环绕，地势狭窄陡峻、河多谷深，2014年高黎贡山独龙江隧道通车以前，每年12月到来年5月半年大雪封山，几乎与世隔绝。独特的地理环境和地势地貌，造就了独龙江峡谷这个中国最后一处天工造化的人间秘境，孕育了独龙族这个在史书上被称为"太古之民"的神秘而古老的民族，成就了其富集多样的自然资源和独特的历史文化。

一、峡谷秘境独龙江

6500万年来，印度洋板块与亚欧板块持续碰撞，青藏高原隆升，高原东南部发生强烈变形褶皱，形成了7条山脉紧密排列并行的横断山区，独龙江峡谷就坐落在横断山区众山崛起之中最西北角的褶皱里，呈弯曲的狭长条状镶嵌在喜马拉雅弧形构造的大拐弯处，形成了一个偏僻封闭而相对孤立的区域。当我们从太空俯瞰时，两列山脉由北向南倾斜贯穿独龙江峡谷，北部隔着海拔4000米以上的青藏高原与印度相临，难以数计的山在这里集结。东侧险峻狭长的高黎贡山最北段雪峰林立，平均海拔可达3500—4000米，最高峰嘎娃嘎普海拔达5128米，独龙语称之为"独龙腊卡"，其含义是独龙江雪山。山顶常年覆盖着积雪或冰川，山形崎岖嶙峋，有30多个山垭口，素有"山羊无路走，猴子也发愁"之称，屏蔽着通往外界的通道。西侧连绵90公里的担当力卡山脉是中缅界山，同样雪山连绵，岩峰尖峭挺拔，突起如锯齿形，众多海拔3000米以上的山峰由北向南一字排开，气势恢宏，最高海拔位于北部迪政当村境内的山峰，达4969米，主要山脉之一白马拉卡山海拔4500多米，悬崖绝壁，险不可攀，共同组成了我国西南边疆的天然巨型屏障。因多数属断层石灰岩

独龙江中下游峡谷——独龙江乡孔当村（2001年6月）

独龙江峡谷的山麓台地——独龙江乡孔当村丙当（2003 年 10 月）

高黎贡山秋色（木林群摄，贡山县委宣传部提供，2014年11月）

结构，造山运动导致剧烈地震时常发生，形成了许多狭小的山麓台地，创造了独龙族生产生活的主要区域。

高耸的山脉拦截了来自孟加拉湾暖湿气流的大量水汽，在北高南低、向西南开口的马蹄形地形配合下，水汽从西南边峡谷口沿河谷北上，使当地形成了冬暖夏凉、多夜雨和连续性降雨、暴雨频繁的海洋性气候。山中雨季长雨量大，流域内年均降水量 2700mm，中下游地区年均降水量达 4000mm，是亚洲三大"雨极"之一，每年 1—11 月均是潮湿期或湿润期，年均气温 16℃，无霜期 280 天。充沛的水资源养育了丰富的植被，森林覆盖率高达 93%。繁茂的森林密不透风，峡谷和山间夏秋季节雾海翻腾，浓云遮蔽山巅。冰川积雪融水和大气降水汇聚山间支流，纵横奔腾，陡峭崎岖的地形让山间河流逐级跌落，在断崖处形成众多瀑布，众多支流最终汇入两山之间的独龙江。

担当力卡山上独龙江南代原始森林风光（2019 年 11 月）

独龙江发源于西藏察隅县伯舒拉岭（进云南称高黎贡山）东南，从迪布里流入贡山县，称为克劳洛河，与麻必洛河汇流后称独龙江，贯穿全乡独龙族村寨，向南流至中缅交界的马库村钦郎当处，向西拐入缅甸克钦邦境内，成为伊洛瓦底江三大源流之一的恩梅开江上游，最终流入印度洋。独龙江在我国境内全长300公里，怒江州境内流程90多公里。清澈碧透的江水纵贯两山之间，沿着断裂带强烈切割山体，独龙江流域从中间崩裂，峭崖绝壁逢江截角，使得山坡陡峭、断层交错、地表破碎，几乎没有平地，形成了东西横距34公里、南北纵距91.7公里、"两山夹一江"狭长的深切割V形高山峡谷地带，素有"绝壁千重险，连山四望高"之称。因而，长久以来，海拔2000米以上的区域保留了相对原始的面貌；江中多危石险滩，水势汹涌，常常因大雨暴怒成灾，又因山高坡陡，滑坡、泥石流时有发生，河谷江边则成为自然灾害多发危险地带。

独龙江峡谷，北通青藏高原，南接缅甸，东与横断山、云贵高原相接，西则通达印度半岛，从河谷到山脊海拔高差3000—4000米、温差高达16—20℃，纵向下降率为104米/公里。独龙江峡谷从北到南因纬度变化和地势的北高南低呈现北段冷凉南段温热的明显差异，可划分出山地中亚热带到高原寒带7个气候带；巨大的高差在不同高度上还形成了不同的气候、植被、土壤的山地垂直自然带，下游地区从谷底至山顶可划出河谷中亚热带到高山亚寒带6个垂直气候带。[1] 再加上破碎的地形中时常形成独立于周围的小环境等多种因素的叠加，使得独龙江峡谷的自然环境极为丰富多彩。如此复杂独特、多样多彩的地貌和生态环境在全国也是罕见，为生命的繁荣奠定了基础。

独龙江峡谷是印度—缅甸、东喜马拉雅山、中国西南山地三片生物多样性热点地区的交界地带，是我国南北动植物交汇的"十字路口"，孕育了除沙漠、海洋外所有壮美的自然环境和亚欧大陆

---

1. 何大明主编：《高山峡谷人地复合系统的演进——独龙族近期社会、经济和环境的综合调查》，云南民族出版社1995年版，第50页。

独龙江克劳洛河与麻必洛河交汇口（2003年11月）

最为集中、丰富的生物种群，众多雪山、草甸、冰川、湖泊、湿地、森林、丹霞及典型高山峡谷地貌齐聚于此，多种生物共存、汇聚、迁移和演化交替的复杂生态系统形成于此，来自不同环境拥有不同形态和习性的生物都能在这里找到适合的一方土地。如此众多的动植物聚集在有限的区域内，激烈的生存竞争，形成了许多犬牙交错的过渡地带。这些过渡地带有着交错的环境以及交错的生物，被称为生态交错带，不仅能容纳种类和数量更多的生物，还有可能促进特有种、边缘种的诞生，进一步提升生物多样性。由此成就了独龙江这个极其罕见的生物多样性富集的"世外秘境""具有世界意义的陆地生物多样性关键地区和重要标本模式产地"[1]，成为我国至今原始自然生态和原始动植物垂直带谱保留最完整、特征最明显、跨幅最大的生态河谷，被划为高黎贡山国家级自然保护区的核心区域，被冠以"绿色迷宫""天然物种基因宝库""动植物的基因库""杜鹃花王国""世界锥鹃类的乐园"等桂冠。

1. 中国科学院生物多样性委员会编撰的《中国生物多样性》一书中，称独龙江流域为"具有世界意义的陆地生物多样性关键地区和重要标本模式产地，其地理学上的独特性和生物学上保护作用是我国最重要、最理想的保护区"。引自纳麒等主编，杨福泉、夏代忠副主编：《远去的背影——云南民族记忆1949—2009》，云南人民出版社2010年版，第6页。

植物学家李恒（左一）在独龙江考察——独龙江乡巴坡村（1991年5月）

中国科学院昆明植物研究所李恒研究员自1990年起，对独龙江的自然植物区系进行越冬考察，填补了前人在时间空间上未曾突破的空白。1991年5月，我父亲在独龙江乡巴坡村遇到已在独龙江驻点7个月的李恒研究员。她的考察队一共采制了21000份植物标本，涉及种子植物1500多种，包括40多个新种，仅杜鹃花属就采集了40多种，在独龙江地区发现了200多种特有植物。李恒说："我现在只考察和研究了独龙江五分之一的地区，有五分之四的地区对我来说还是神秘区域。"她认为，独龙江是我国具有极高的多学科研究价值的一块宝地多种因素的共同作用成就了独龙江峡谷生命的繁荣，新老物种共存组成了一个更为宏大的生命世界。独龙江地区分布着从常绿阔叶林到高山草甸 9 种自然植被类型，已经发现 199 科 2778 种微观植物，约有 10% 系当地独有、10% 是云南省独有、30% 为亚洲特有。作为第四纪冰川后至今尚存古原生物保存的"避难所"，保留了很多古老的孑遗物种，如珍稀植物白垩纪末第三纪早期孑遗植物树蕨、云南桤、珙桐等；诞生了大量新物种和特有种，如秃杉、大树杜鹃等；还有数以千计的菌类，野生珍贵中药材黄连、贝母、虫草、重楼、灵芝等。经整理鉴定的动物，有兽类 104 种、鸟类 171 种、鱼类 15 种，如被列为国家保护的兽类戴帽叶猴、高黎贡山羚牛、菜花烙铁头蛇、红岩羊、金丝猴、小熊猫等；珍稀鸟类灰腹角雉、北尾梢红雉等，还有鸟类新纪录楔嘴鹩鹛和红胸角雉；特有鱼类扁头鱼、裂腹鱼等。加上古老的独龙族在此世代繁衍生息，独龙江峡谷形成了我国重要的古老和珍稀动植物的集萃区和复杂的人地复合关系。

下页：雪水融化后形成高山草甸上的神田，是森林与灌木的交错地带（2001 年 8 月）

二、"太古之民"独龙族

独龙族是一个神秘而古老的民族,史书上称为"太古之民"。独龙族先民源于西北青藏高原古代从事游牧的氐羌族群的一支,很早以前从丽江、剑川、兰坪等地陆续迁居到怒江、澜沧江地区和西藏察瓦龙地区生活繁衍,与怒族长期共居,后又陆续迁徙到独龙江峡谷和缅甸北部,是怒江、澜沧江、独龙江地区历史悠久的民族。如今,独龙族主要分布在缅甸北部和中国云南、西藏和四川交界地带。缅甸的独龙人有10多万,中国境内的独龙族除少数分散居住在云南省贡山县境内怒江西岸、维西县的齐乐乡和西藏察隅县的察瓦龙地区外,大部分集中居住在贡山县独龙江流域两岸。20世纪50年代,中国境内独龙族人口仅有2500多人[1];到2020年,增加到7310人,其中怒江州有6041人,仅贡山县就有5588人。[2] 2021年,独龙江乡辖马库、巴坡、孔当、献九当、龙元、迪政当6个村委会,28个安置点,40个村民小组,农村人口1142户4298人,独龙族人口占独龙江乡总人口的99%。[3]

在历史文献中,独龙族没有一个统一的名称,往往以居住地区及河流的名称命名,不同地方的独龙人有不同的自称。"独龙"是中国境内居住在独龙江两岸居民的自称,外族人统称他们居住的地方(高黎贡山以西恩梅开江以东)为"俅江"或"俅夷地",故也被称为"俅扒""俅""俅人""俅子""洛""曲洛""曲子"等。1952年,周恩来总理根据本民族的意愿正式命名为"独龙族"。居住在缅甸北部的独龙族,绝大部分自称"迪就""迪布勒""打斜""托洛龙"等,统称为"日旺人"(独龙语中是"亲属集团"之意),其语言、民间传说、原始信仰、生活方式等与我国的独龙族相近,与我国独龙族有密切的亲缘关系,他们见到我国独龙族称"陪切"(亲戚),见到其他民族自称俅族。[4]

---

[1].
《民族问题五种丛书》云南省编辑委员会编:《独龙族社会历史调查(一)》,云南民族出版社1981年版,第1页。

[2].
中国独龙族人口数引自《中国统计年鉴2021》,中国统计年鉴出版社2021年版,怒江州和贡山县独龙族人口数由怒江州统计局提供。

[3].
调研独龙江乡时乡政府介绍。

[4].
独龙族简史编写组:《独龙族简史》,云南人民出版社1986年版,第2页;《独龙族社会历史调查(一)》,云南民族出版社1981年版,第1—2页。

独龙族是中华人民共和国成立时直接从原始社会末期过渡到社会主义社会的"直过民族"之一，"是亚洲地区特有的父系原始社会末期的活标本"，也是补充和完善马克思主义关于原始公社学说基础理论珍贵的材料和"活化石"[1]。繁衍生息在独龙江流域的独龙族，历经岁月沧桑，书写着独有的历史和文化。

最早反映独龙族习俗文化和生产生活历史的文字始于清初，距今300多年，从清朝到民国时期的记载显示，到中华人民共和国成立前夕至少200多年间，独龙族一直停留在原始社会状态。

清乾隆年间的《皇清职贡图》卷七"鹤庆等府俅人"条载：

"俅人，居澜沧江大雪山外，系鹤庆、丽江西域外野夷。其居处结草为庐，或以树皮覆盖之。男子披发，着麻布短衣袴，跣足。妇耳缀大铜环，衣亦麻布。种黍稷，劚黄连为生。性柔懦，不通内地语言，无贡税。更有居山岩中者，衣木叶，茹毛饮血，宛然太古之民。"[2]

---

[1] 纳麒等主编，杨福泉、夏代忠副主编：《远去的背影——云南民族记忆1949—2009》，云南人民出版社2010年版，第6页。

[2] 独龙族简史编写组：《独龙族简史》，云南人民出版社1986年版，第16页；蔡雯主编、蔡家麒撰稿：《灵动的河谷独龙族》，云南人民出版社2016年版，第11页。

较详细记载独龙江地区独龙族的首部著作是1908年夏瑚的《怒俅边隘详情》[1]：

"其装束男女均系撒（散）发，前垂齐眉，后披齐肩，左右盖耳，尖稍长，则以刀截之。两耳均穿，或系双环，或系单环，或以竹筒贯之。男子下身着短裤，唯遮臀股前后，上身以布一方斜披背后，由左肩右披，抄向胸前拴结，左佩利刀，右系篾篓。上江女子……以长布两方，自肩斜披至膝，左右包抄向前，其自左抄右者，腰际以绳紧系贴肉，遮其前后。自右抄左者，则披脱自如也；男女颈项，无不喜系车碟烧料等珠为饰，有系至十数串者……"

20世纪二三十年代，美国人约瑟夫·洛克经过12年考察形成的的《中国西南古纳西王国》一书中，引用了清乾隆年间关于独龙族的描述，书中拍摄的独龙族照片，"宛然太古之民"。

---

[1] 夏瑚：《怒俅边隘详情》，载吴光范校注《怒江地区历史上的九部地情书校注》，云南人民出版社2014年版，第6页。

20世纪二三十年代洛克拍摄的独龙族(翻拍于洛克著《中国西南古纳西王国》)

20 世纪二三十年代渡怒江的猪槽船(翻拍于洛克著《中国西南古纳西王国》)

20世纪五六十年代,独龙族的生产工具还处于竹、石、木器并用的时代,生产以刀耕火种农业为主,捕鱼、狩猎和采集在生产生活中仍占较大比重,交易是以物易物;穿自织的麻布片,男女赤足,晚上躺在火塘边过夜;住房基本是茅草篾笆或树叶盖的房屋,仍有人居住在岩洞、树巢中。当时,独龙江地区独龙族的社会还处于原始社会末期,有15个父系氏族(独龙语称"尼柔")54个家族[1],由1个或若干"尼柔"组成一个村寨,每个"尼柔"是一个由同一祖先的直系后代所组成的血缘集团;"尼柔"下有若干个父系大家族(独龙语称"其拉"),"其拉"之下是2—3个以父家长为首的原始共产制大家庭或个体家庭。每个"其拉"有公共的耕地、山林、猎场、鱼口子和祭祀场,社会管理和祭祀以家族为单位进行。家庭成员通过共耕的形式,从事集体耕作、收获物归集体所有,生活管理和消费方式仍有原始共产制大家庭的浓厚特点。

杨光海在《镜头中的民族记忆》一书中记录的20世纪50年代初进独龙江的老缝衣工赵乐修讲述的当时独龙江地区独龙族的服饰,仍然与清朝和民国时期的史料记载一样:

> "那时独龙人还没有衣服穿,妇女只用一块麻布围着下身,男子围着兽皮或是一串树叶,或挂着一块柔软的树皮。有一次赵乐修用政府救济的布给独龙族妇女做新衣,在量尺寸的时候,手被竹签划破了,血流不止,仔细一看,发现妇女身上围着的麻布片是用竹条串联起来的,他手上的伤正是被那竹条划破的。新中国成立前,独龙族既没有针,也没有线,更不会缝衣服,这件事使他很激动,从此下定了长期为独龙族服务的决心。"[2]

1. 独龙族简史编写组《独龙族简史》,云南人民出版社1986年版,第79—80页。

2. 杨光海:《镜头中的民族记忆》,云南人民出版社2014年版,第22页。

20世纪60年代独龙族姑娘服饰（杨光海摄，1960年5月）

今天，独龙族自制的麻布衣和独龙毯从御寒的生活必需品和馈赠礼品成为旅游商品。独龙毯更是成为独龙族的民族符号，象征幸福美满。

20世纪60年代披着独龙毯的独龙族少女(杨光海摄,1960年5月)

20世纪60年代初上山砍火山地的男子——独龙江（杨光海摄，1960年）

挟鱼——独龙江贡山县四区（杨光海摄，1960年）

文面，独龙语称为"巴克图"，是独龙族古老民族文化的活化石。过去，独龙族少女十二三岁都要文面，是独龙族女子成年的标志。各地文面的方法和过程基本一致，但不同地区文面的图案、纹型有明显差异。文面的原因有两种说法，一是美的装饰，也是区分氏族的标志；二是逃避其他民族抢掠妇女。中华人民共和国成立后，废除了文面的习俗。据统计，截至 2001 年，独龙江乡文面女近 70 人，且多为 60 岁以上的老人。到现在还活在世上的文面女有 20 多人。

独龙语属汉藏语系藏缅语族，是该语族中保留早期面貌较多的一种语言。具体语支尚无定论，据语言学家孙宏开的调查研究，认为在同语族中，独龙语与景颇族、珞巴族和僜人的语言比较接近，其方言土语有南北两地的差异，可划为独龙江独龙语方言和贡山丙中洛的怒江独龙语两大方言。独龙语中除了大量借用近现代汉语的词汇外，北部方言中藏语借词较多，南部方言借词多为傈僳语和缅语。[1] 中华人民共和国成立前，独龙族没有文字，用刻木结绳记事或传递消息。一直到 20 世纪末，独龙江地区还保存着结绳记事、摆棍辩理的原始记事方法。

1.
孙宏开：《独龙语简志》，民族出版社 1982 年版，引自蔡雯主编、蔡家麒撰稿：《灵动的河谷独龙族》，云南人民出版社 2016 年版，第 12 页。

独龙江乡龙元村一位文面师傅和独龙族女孩在做文面演示（2003年10月）

摆棍辩理——独龙江乡孔当村（刘征荣提供，1984年）

独龙族以勤劳勇敢、淳朴善良著称。独龙族一年一度的独龙年"卡雀哇"（年节），是独龙族最重要的节日。"卡雀哇"没有固定的日期，由家庭或家族自行择定日期，一般在农历冬腊月间，通常为期2—3天。第一天是邀请各家族聚会聚餐、对歌祝福，妇女们把自己织的五色棉麻线布或独龙毯悬挂在住房顶的竹竿上；第二天是祭山神、猎神仪式；第三天是剽牛祭天仪式。1991年，贡山独龙族怒族自治县人民代表大会常务委员会根据广大独龙族人民的意愿，把独龙年"卡雀哇"定在每年的1月10日。此后，每年的1月10日贡山全县共同欢庆。

独龙年"卡雀哇"第三天是剽牛祭天仪式，独龙语叫"怒哇德噜"，意为"召集全体氏族成员镖牛聚会"，是最隆重的活动。剽牛行为有个体和氏族集体。个体以个人名誉献牛，氏族则是共同买牛集体组织。全村男女老少均会参加，载歌载舞，最后牛肉分给全村村民。图为剽牛时敲着铓锣起舞的独龙族男子 —— 独龙江乡迪政当村（1983年10月）

036—037，独龙年"卡雀哇"第二天是祭山神、猎神仪式，独龙语称"佼霸哇"。图为祭山神前的铓锣舞（2003年11月）

038—039，围圈跳剽牛祭天舞的独龙族群众（刘开第摄，1984年）

第二章 当家作主站起来

中华人民共和国成立后，独龙族从原始社会直接地、逐步地过渡到社会主义社会。

一、跨越原始迎新生

自汉代在西南夷地区设益州郡、永昌郡以来，独龙江、怒江流域，就属于当时嶲唐（今保山）、不韦（今保山南部施甸一带）二县管辖范围。从那时起，包括独龙族先民在内，这一带地区的各少数民族便与中原政权发生了政治关系。之后，这一地区在唐、宋时期属"南诏"及"大理国"管辖；元、明、清时期，独龙族地区属丽江木氏土司管辖；至清中叶，独龙江、怒江地区同受丽江木氏土司知府所属的"康普土千总"及"叶枝土千总"管辖；光绪三十一年（1905年）叶枝王姓土司接替康普土千总统一管辖了独龙江流域和今贡山地区；光绪三十四年（1908年），丽江府阿墩子弹压委员兼管怒俅两江事宜的夏瑚，巡视了独龙江一带，报请云南巡抚下令废除土司、喇嘛寺等对独龙族人民的苛派，并派袁裕才任"俅管"，代替叶枝土司和喇嘛寺等对独龙江地区的统治。辛亥革命后，独龙江地区划归菖蒲桶殖边公署统辖，1918年改为菖蒲桶行政委员会公署，1933年又改为贡山设治局；国民党势力进入独龙江地区后，推行保甲制度，直至1949年贡山地区解放。[1]

1949年8月25日，贡山地区和平解放，独龙族人民从此当家作主站起来，开始了新的历史纪元。

---

[1] 《独龙族简史》编写组编：《独龙族简史》，云南人民出版社1986年版，第13—17页。

1956年10月贡山独龙族怒族自治县成立大会(杨光海摄)

在贡山独龙族怒族自治县成立大会上,中共贡山工委第一书记讲话(杨光海摄,1956年10月)

1952年1月4日,对独龙族来说,是具有特殊意义的一天。独龙族代表孔志清在北京见到了周恩来总理。周总理亲切询问每个少数民族代表:"叫什么名字,从哪里来?是什么民族?"孔志清向总理汇报:"总理,旧社会我们被称为'俅子''俅扒',我们自己称'独龙族'。"总理听后说:"你们本民族原来怎么称呼,就按本民族自己的意愿来称呼,就叫独龙族吧,别的民族对你们的称呼,不能做你们的族名。"紧接着,周总理当场指示西南局负责人王维舟:"老王,这个民族的族名,就按照他们自己的意愿叫独龙族好了,与其他民族一律平等。……"就这样,独龙人正式定名为独龙族,真正成为我国各民族大家庭中平等的一员。

独龙族代表阿的党员在大会上发言，为独龙族第一次实现了当家作主的权利而激动，表示要紧跟中国共产党，建设好独龙江（杨光海摄，1956年10月）

孔志清，独龙族历史上第一个读书人，独龙江第一位区长，贡山独龙族怒族自治县第一任县长（贡山县委宣传部提供）

1950年5月4日，贡山县人民政府成立。同年，独龙江成立贡山县四区区公所，孔志清任第一任区长。1956年10月1日，贡山县改为贡山独龙族怒族自治县，孔志清被选为县长，是自治县成立后的第一任县长。独龙族实现了民族自治。1957年，独龙江地区成立独龙江区委会，1969年改称独龙江公社，1984年改称独龙江区，1988年改称独龙江乡至今。中华人民共和国成立后，独龙族第一次实现了当家作主的权利，充满斗志、团结一心地建设自己的家乡，是独龙江地区的管理者、建设者和守护者。70多年来，还有不少独龙族人走出独龙江，他们中，有领导干部、部队官兵、学者、教师、医生……为国家的繁荣富强做贡献。

下页图：1956年10月贡山独龙族怒族自治县成立大会会场（杨光海摄）

各族人民群众出入贡山县政府（杨光海摄，1960 年）

二、直接过渡跨千年

中华人民共和国成立后,为了加快推进独龙江地区发展,解决独龙族生产生活困难,党和政府派出大批支边干部、边疆民族工作队和解放军武装工作队,深入独龙江地区开展工作。1954年,党和政府在调查研究的基础上,采取了扶持生产、救济生活、借地开荒、协商调整土地,指导施肥、固定耕地、开挖梯田梯地、兴修水利、引进工匠、大量供应铁质农具等一系列帮扶政策和措施,改善独龙江地区独龙族的生产生活条件;区、乡先后成立民贸店、民贸小组,大量供应粮食、食盐、生产生活用品的同时,以合理价格收购群众的土特产品,帮助群众增收;建学校和医疗机构,实现独龙族子女就近免费上学,给独龙族群众送医送药、免费治病,使有病求医、信医信药的新思想逐渐取代了原始杀牲祭鬼治病的习俗。一系列民族"直过区"政策的实施,从生产关系、生产力水平和社会事业等方面帮助独龙族,使独龙江地区从原始社会直接地、逐步地过渡到社会主义社会。

1952年到独龙江工作、后任独龙江区委书记的纳西族干部杨世荣回忆当时的情况[1]:

> 新中国成立后,党和政府贯彻"团结,生产,进步"的工作方针,大力帮助独龙族发展生产,使独龙族逐步、稳妥地直接过渡到社会主义。从内地选派一批批教师和医务人员,深入独龙江地区开办学校,送医送药,防病治病。选派各类农技人员深入独龙江地区,传播农业科技知识,帮助独龙江人民变革耕作方式,固定耕地,学会施肥,推广良种。安排专款和实物,为独龙江人民运去粮食、布匹、衣被、食盐、茶叶、铁锄、斧头、砍刀等生产生活用品,组织生产,发展经济,改善生活。贡山县政府聘请了傈僳族、藏族、汉族农民技术员,到独龙江地区传授斗犁架、锄把和驾牛

[1] 杨世荣述,彭兆清整理:《独龙族牛耕的开始》,载政协怒江州委员会文史资料委员会;云南省怒江州民族文史资料丛书《独龙族》,德宏民族出版社1999年版,第167—174页。本部分内容是根据文中内容摘编整理的。

独龙群众学会了修理铁制农具——贡山县四区（独龙江）（杨光海摄，1960年）

犁地等技术。从鹤庆县请来的农民技术员蒋炳堂教当地群众开水田种水稻。

独龙江区委、区政府利用冬春农闲季节，集中全区劳动力，在独龙江中游的孔目（现孔当行政村）学哇当村搞开田种稻的试点工作。给农户发放救济布380余件。安排15把犁头，400多把锄头，7头耕牛。

经过反复动员，从全区各村寨发动300多人投入开田挖水沟工作。在劳动中，阿当、杰图、蒋炳堂等农民技术员，手把手地教当地群众犁田、耕地等技术，通过示范，当地群众很快掌握了各种技术。从1952年至1959年，独龙江开垦水田近800亩，旱地固定面积达1800亩。

下页图：1954年以后，民族工作队和技术人员手把手地教独龙族群众开挖梯田梯地、使用耕牛犁地、学习传统农业种植技术……实现了一个又一个零的突破。图为独龙族妇女撒农药——贡山县四区（独龙江）（杨光海摄，1960年）

上页图：苞谷丰收，独龙族妇女集体收苞谷（杨光海摄，1960年）

引进工匠传授打制铁农具的技术——贡山县四区（独龙江）（杨光海摄，1960年）

20世纪60年代,独龙族妇女用石头磨苞谷——独龙江(杨光海摄,1960年5月)

下页图:20世纪60年代后期,手推石磨磨面传入独龙江地区——独龙江公社孔当村(刘征荣提供,1984年)

1954年以后,区、乡成立了民贸店、民贸小组,供应生活用品,收购独龙族的土特产品。图为民贸店职工到村寨卖生活用品(杨光海摄,1960年)

杨光海在《镜头中的民族记忆》一书中也记述了1960年他到独龙江地区调研时"直过区"政策实施的情况[1]：

> 我访问了工作队丽江纳西族干部蒋秉堂同志，他积极响应党的号召，经过漫长的跋山涉水来到独龙江，带来了籽种和新式农具，在独龙江两岸，第一次洒下了谷种，并把生产技术教给独龙族兄弟，妇女也学会架牛犁田了，独龙人也能吃上大米饭了。与蒋秉堂一起来的还有老缝衣工赵乐修，我去访问他的时候，他正给独龙族妇女做新衣，完工后，他用水烟筒吸着烟和我攀谈起来。赵乐修是鹤庆白族人，年纪四十多岁，背有点驼，额头上有皱纹，是个饱经风霜的老裁缝。当年他到独龙江时，因交通十分不便，缝纫机是拆成零件背进来的。……新中国成立前，独龙族既没有针，也没有线，更不会缝衣服，这件事使他很激动（震惊），他从此下定了决心，长期为独龙族人民服务。他不但给独龙族人缝衣服，教会他们使用针线、钉扣子等，还培养了一位独龙族姑娘当了缝纫工。

后来，一批批干部、技术人员、教师、医务人员响应党的号召到独龙江地区工作，"以扎根独龙江、建设独龙江、全心全意为人民服务"为宗旨，与独龙族群众融为一体，艰苦奋斗、自力更生、努力工作。他们有的在独龙江地区扎根安家，有的甚至贡献一生，为独龙江地区和独龙族的发展和进步做出了重要贡献。

---

1. 杨光海：《镜头中的民族记忆》，云南人民出版社2014年版，第21—22页。

政府发放救济粮——贡山县四区(独龙江)(杨光海摄,1960年)

独龙江卫生所第一批医生纳西族女医生杨惠,在独龙江地区走村入户,给独龙族群众治病送药(杨光海摄,1960年)

纳西族老师与独龙族姑娘喜结良缘,扎根边疆(杨光海摄,1960年)

20世纪50年代扎根独龙江的干部熊润保（左三），云南大理鹤庆县人，苗族。1959年9月丽江师范学校毕业，分配到独龙江龙元当教师，两年后调区贸易公司，先后在巴坡、龙元、孔当等商店工作。他在独龙江娶妻安家，工作到退休，直到2019年11月在独龙江去世，享年83岁，实现了他年轻时和同学说的"扎根独龙江，老在独龙江，死在独龙江"——独龙江乡孔当村（2001年8月）

三、军民守边鱼水情

独龙江乡是我国西南最边远、最偏僻的边防前哨,中华人民共和国成立以来,一批又一批部队官兵坚守着"扎根独龙江,全心全意为人民"的信念,与当地民兵(群众)一起自力更生、艰苦奋斗,守卫边防,建设独龙江。

部队穿越雪山原始森林进驻独龙江峡谷——高黎贡山人马驿道（1980年11月）

军民同训练——独龙江公社（刘征荣提供，1970年）

下页图：1975年12月3日，贡山县独龙江公社驻地发生大火灾，驻独龙江部队、民兵和机关干部抢救出了价值17.4万多元的物资。火灾后，独龙江乡大部分物资和粮食被烧毁，大雪封山半年所需的物资严重不足。贡山县紧急动员民兵2200多人和部队、机关干部一起抢运物资。16天来回翻越高黎贡山，运进40万斤粮食和物资

为民扎根独龙江

从20世纪50年代开始,解放军驻独龙江部队就把帮助和组织群众发展生产、改善生活作为重要任务之一。20世纪80年代以后,驻守独龙江的边防武警部队把"扎根独龙江,一心为人民"作为座右铭。部队官兵积极配合地方党委、政府宣传政策;帮助和发动群众开梯田、种水稻、养羊养猪;医务人员长期以来定期走村串寨为群众看病;创办军民小学解决当地孩子读书问题;经常看望农户,解决其生产生活的困难;帮助群众建房、背水,军民鱼水情谊长。

部队战士在传授农业生产技术——独龙江(刘征荣提供,1965年4月)

下页图:部队老师通过画报给孩子们讲故事——独龙江马库军民小学(刘征荣提供,1965年)

部队卫生员吸蛇毒救群众,他一口一口吸出蛇毒,群众得救了,他却晕了过去——独龙江(刘征荣提供,1965年)

深入村寨打预防针——独龙江（刘征荣提供，1965年）

贵州籍苗族军医姜忠荣（右二）由贡山部队选送到第四军医大学学习毕业后，主动要求到独龙江部队工作，从1979年直到1982年部队移交武警才离开独龙江。他一直在独龙江进村入户为群众看病，远近的群众也都喜欢找姜医生看病。姜忠荣很少按时和大家一块吃饭，往往是把病人处理完后，天黑了才吃上饭。他还经常到附近村寨巡诊，熟习每一个病人的情况，被当地群众称为"独龙族人的活病历"。图为姜忠荣到巴坡村孟顶巡诊，为群众看病（1981年8月）

贡山修理厂独龙族民兵学习修理机器（刘征荣提供，1972年）

民兵自力更生学大寨——独龙江公社（刘征荣提供，1972年）

武警独龙江工作站马库执勤点卫生员定期上门为五保户检查身体（2003年6月）

武警战士到马库村联系和资助贫困学生,进行家访(2003年6月)

守边护边代代传

2019年1月1日,独龙江边防派出所改制为独龙江边境派出所,人民警察和独龙族群众共同担负起守边护边的责任。部分独龙族群众被选聘到护边员和界务员等公益性岗位,协助派出所巡边守边护边,也实现了就近就地就业和稳定增收,守边护边和脱贫致富实现了双赢。

马库村老书记江仕（前一）带领巡边员和界务员巡逻在边境线上 —— 独龙江乡马库村（2020年12月）

四、共建共治强起来

中华人民共和国成立以来，独龙族的生存和发展始终被党中央、国务院和云南省各级党委政府牵挂着。如今，在新时代新征程中，各级党委政府和乡村干部、驻村工作队员、独龙族党员群众共同推进边疆建设和社会治理，探索出一条民族团结、共建共治共享共荣的乡村治理之路。独龙江乡成为全国民族团结、边疆稳定、乡村文明和乡村治理的示范乡镇，2020年8月被评为"云南省民族团结进步示范乡"；2020年11月20日被评为"全国文明村镇"；2021年9月，被评为"全国乡村治理示范乡镇"。

殷殷嘱托明方向

2014年1月，习近平总书记收到了贡山县干部群众报告高黎贡山独龙江公路隧道即将贯通的喜讯的来信，立即作出了重要批示：

希望你们在地方党委和政府的领导下，在社会各界帮助下，以积极向上的心态迎战各种困难，顺应自然规律，科学组织和安排生产生活，加快脱贫致富步伐，早日实现与全国其他兄弟民族一道过上小康生活的美好梦想。

2015年1月，习近平总书记在云南考察期间，专门接见了怒江州独龙族干部群众代表，指出：

在全面建成小康社会的进程中，一个兄弟民族都不能落伍，一个贫困地区都不能掉队。……独龙族这个名字是周总理起的，虽然只有6900多人，人口不多，也是中华民族大家庭平等的一员，在中华人民共和国、中华民族大家庭之中骄傲地、有尊严地生活着，在中国共产党领导下，同各民族人民一起努力工作，为全面建成小康社会的目标奋斗。

2016年和2018年，时任中共中央政治局常委、国务院副总理、国务院扶贫开发领导小组组长的汪洋，先后两次专程深入独龙江调研。他强调，脱贫攻坚要做到精准施策，完善考核办法，着眼长远，积极稳妥推进贫困地区产业发展、基础设施改善、社会文明建设等，促进脱贫攻坚和实施乡村振兴战略有机衔接。根本改变贫困地区落后面貌，必须久久为功，绝不能急于求成。此外，其他党和国家领导，以及一些国家部委办局的领导也先后到独龙江"问诊把脉"。

云南省省长直接挂联怒江州，省委书记、省长多次专题听取怒江州尤其是独龙江脱贫攻坚工作汇报，带领省级相关职能部门到独龙江调研、召开现场会，实地解决问题；其他省级领导和省级职能部门领导干部也多次到独龙江调研指导脱贫攻坚工作。省、州、县挂联单位都选派干部到独龙江驻村，并选派村第一书记，乡村干部、驻村工作队队员和独龙族群众一起为脱贫奔小康努力奋斗，创造了独龙江迎难而上、滴水穿石、合力攻坚的精神。

总书记的深切关怀一直激励着独龙族干部群众加快发展,脱贫致富的信心和决心。文面女李文仕(中)每当讲起总书记接见的时刻,总是非常激动——独龙江乡迪政当村雄当(2019年5月)

不断完善的乡村建设

1991年独龙江乡老乡（区）政府机关所在地巴坡（1991年5月）

1999 年 9 月，独龙江简易公路通到了孔当村，这个闭塞的山村变成了独龙江的门户。2002 年，经云南省人民政府批准，独龙江乡乡级机关正式由巴坡村搬迁到了孔当村，水、电、路、网络通信、学校、卫生院等各种基础设施加快建设；孔当街道上开始出现小食店、小旅馆，在外来人的带动下，个别独龙族也学着办。

2010 年以来，独龙江乡村实施全面建设，如今乡政府所在地孔当，在云南的乡镇中率先连通 5G 网络，集镇道路宽敞干净，极具独龙族特色的建筑错落有致，乡卫生院、九年一贯制学校的房子尤其显眼，酒店、饭店、商店随处可见，已经从闭塞落后的农村变成了具有民族特色、美丽宜居、开放现代的边陲小镇。所辖 6 个行政村的新村建设全部完成。乡政府和村委会从简陋的茅草房、铁皮石棉瓦房变成了宽敞明亮的砖瓦房，电脑、电话、网络等配置齐全，独龙江乡村治理正在走向现代化和信息化，治理体系正在逐步完善，治理效能不断提升。

成为乡政府驻地以前的孔当村（1991年5月）

美丽的独龙江乡乡政府所在地孔当新村近景（禹江宁摄，2014年10月）

美丽宜居的现代化独龙江孔当小镇（2018年12月）。

乡村治理初见成效

在脱贫攻坚中，独龙江乡涌现了一批独龙族的带头人，锻造了一批村组干部、党员群众，使他们成为了当地"不会走的工作队"。今天，独龙江乡正在从依靠政府帮扶救助走向政府、干部、群众共商共建共治共享。各级党委政府、驻村工作队和乡村干部每天在为独龙江脱贫奔小康、实现乡村振兴努力奔忙，独龙族群众也在为建设美丽乡村、致富发展而奋斗。乡村治理正在走向自治、法治、德治"三治"融合，乡村治理初见成效。

时代楷模老县长高德荣成为独龙族的"领头羊"。

高德荣是从独龙江走出的独龙族干部，曾在贡山县当了10年的县长。他最早把草果种植引进独龙江，一开始得不到村民的认可，只能自己带头种，后来在他的影响带动下，独龙江乡独龙族群众开始种植草果，现在草果产业已成为独龙族脱贫致富最重要的支柱产业。他从县长当选为州人大副主任后，放不下那份对民族、对群众的深深眷念，放不下作为一名共产党员、一名独龙族干部沉甸甸的责任和使命，主动请缨回独龙江蹲点，把办公室设在独龙江乡，为家乡建设和家乡人民早日脱贫奔小康争取资金、政策，在乡村抓项目试点，动员组织群众参与项目实施，大家亲切地叫他"老县长"。这些年里独龙江乡大大小小的变化，大多与他密不可分。不知疲倦地工作是他的个性，许多年轻同志评价他是"不会休息的老人"，老同志说他是"睡眠不好的人"，独龙族群众则把他当作了带领大家脱贫奔小康的"领头羊""贴心人"。

老县长高德荣在独龙江雄当组通车典礼大会上动员群众努力奋斗,投入脱贫攻坚战(2011年11月)

高德荣在林下做种植培训(贡山县委宣传部提供,和云韬摄,2018年4月)

独龙江乡巴坡村驻村工作队和村委会干部到农户家了解看病就医情况（贡山县委宣传部提供，2022年3月）

第三章 一「路」解千愁

爬天梯——独龙江孔当（杨光海摄，1960年5月）

交通，一直是独龙江峡谷的最大难题，也是独龙族生存发展"最难啃的硬骨头"。历史上，独龙族群众出门砍刀开路，过江靠溜索，出山蹚"天路"，每年12月到次年5月大雪封山，与外界完全封闭隔绝。中华人民共和国成立后，历经65年才彻底打通独龙江峡谷内外交通。

1964年10月，独龙江修通了贡山县城到独龙江区委会驻地巴坡村的人马驿道，单程时间从7—8天缩短到了3—4天，告别了独龙族只有人背没有马驮的历史。1999年9月，由贡山县城至独龙江孔当村的简易公路（土路）全线贯通，乡政府因此从巴坡村委会搬迁到孔当村委会，从县城到乡政府乘车需要8小时，结束了我国最后一个民族乡和最后一个少数民族不通公路的历史，同时简易公路逐渐向各村委会延伸，结束了独龙族只有人背马驮不通汽车的历史。

2014年末，改造后的独龙江新公路隧道通车，从县城到独龙江乡各村组的柏油路全线贯通，从县城到乡政府的乘车时间缩短到了2小时，彻底结束了独龙江半年大雪封山的历史，同时独龙江乡全面完成"溜改桥"，独龙江的交通问题基本解决。天堑变通途，独龙族整族脱贫奔小康驶入快车道。

一、草径天梯行路难

人们都说："蜀道难，难于上青天。"1964年10月以前，进出独龙江流域的路比蜀道难上百倍，独龙江流域内的通行更是难上加难。

从贡山县城到独龙江区委会（1988年后改为独龙江乡）驻地巴坡村委会仅有一条小路，穿密林、攀悬崖、过独木桥，要翻过海拔3800多米的雪山垭口，马不能通行，人行要带砍刀，走单程需七八天。独龙江群众生产生活的所有物资必须在每年6月至11月全部抢运进去，所有物资全靠人背，每年人背进独龙江的物资约15万公斤。

20 世纪五六十年代从贡山县城翻越高黎贡山进独龙江乡历时七八天。图为工作队员正走在大哈士一带（杨光海摄，1960 年）

独龙江峡谷，江河纵横，坡陡谷深，谷内交通艰险异常。中华人民共和国成立以前，独龙族群众散落居住在高山密林之中，道路艰险，行走困难。《俅江纪程》曾记载："俅人不知为船以渡，只用篾索三根，平系两根，虽以木槽溜梆，衔索系腰，仍需手挽足登，方能徐渡。""两岸地势险峻，路亦崎岖。且丛树横生，阴湿异常。至一处则有石突出江边，故需越过此石，用木条架成梯形，以此石攀登而上，甚滑也。"这即是当地的"天梯"。"森林蔽天，路极陡隘，俅子行时，削竹竿成矛，以其尖戳地仗而行之。其右手则持刀，为剁砍蔽路之树干。"中华人民共和国成立初期，独龙族群众依靠步道、天梯、栈道、竹篾或藤篾溜索、独木桥等方式在高山、悬崖峭壁和江河、深谷之间通行，林间小路淹没于深草密林之中，路面仅容足掌，外来人难以寻觅。

因此，进独龙江难，在独龙江生存和工作更难。这样的情况随着进独龙江道路的改善而缓慢地改善着。2014年末独龙江柏油路全线贯通后，这一难题才基本解决。

独龙江上的藤篾桥——独龙江（杨光海摄，1960年5月）

竹篾梯——独龙江区麻必洛（刘征荣提供，1984年）

下乡干部爬独木梯——独龙江区雄当（刘征荣提供，1984年）

在独龙江峡谷内独龙族群众买卖农产品或运输物资和生活用品主要靠人背步行,近的要走半天,需要在途中吃饭休息;远的要走几天,还需要在路上住宿。独龙族群众出门都会背着锅碗、水壶、食物和毯子等,他们沿途把食物分别放在路上休息的地方,做好标记,就不会有人拿。因此,乡政府发放用于生产的化肥、种子,以及救济粮等物资,对距离太远的群众来说,背回家也是件困难的事。图为独龙族群众背粮途中生活场景——独龙江乡献九当村丁给(2003年10月)

独龙江乡马库村钦郎当小组深谷小路上背着农产品到马库村委会卖后,又买了生活用品背着回家的独龙族群众(2011年11月)

1963年12月至1964年10月修建的穿越雪山沼泽地带的高黎贡山人马驿道，路基宽1.2—1.5米，全长65公里，县城到独龙江乡政府走路单程从7—8天缩短到了3—4天，若遇天气不好和脚力不行时还是要5天。这条国防人马驿道彻底结束了独龙江地区只有人背没有马驮的历史——高黎贡山独龙江人马驿道西哨房附近（1979年6月）

二、人马驿道生命线

为了解决独龙江的运输问题，1956年，贡山县委、县人民工作委员会开始着手修建县城到独龙江乡政府的国防人马驿道。但因工程艰巨，资金不足，修了10公里后便停工。几经反复，直到1963年12月，贡山县组织军民近600人，历时11个月，于1964年10月才修通了从贡山县城到独龙江乡政府所在地巴坡村委会的国防人马驿道。驿道从贡山县城丹当起，溯普拉河（怒江支流）谷西行，经吉速底、双拉娃、娃土底、嘎足、其期、东哨房，翻越高黎贡山南磨王垭口从西坡下，经西哨房、梅里王、孟当至独龙江乡政府巴坡，全长65公里，耗资20万元。驿道施工环境险恶，沿途经过露天原岩3580米，原始森林43公里，其余为尖石沙坡地，跨越大小河流26道，驿道上有3座石台木面桥，16座小桥。这条人马驿道彻底结束了独龙江地区只有人背没有马驮的历史。

我父亲第一次进独龙江是1978年9月，走的就是这条人马驿道。这是一条穿越荒无人烟的深谷、悬崖、沼泽、泥塘和原始森林的木桩栈道，美丽却艰险。我经过原始森林中美丽的高山杜鹃带，远处雪山皑皑。但是路面坑坎不平、砾石满地、路溪并存、过河淌水，无论晴天雨天，过往人畜都全身被泥水溅湿，一路还有蚂蟥蚊虫相伴。这条路要翻过海拔3800多米的雪山垭口，每年有半年大雪封山，人马不能通行。此后一直到通公路前，我因工作需要数十次往返于这条驿道，途中时常经历暴雨、山洪、塌方、暴雪……由此可见，当时修驿道时的艰险应是行走在驿道上的数倍。

1965年，贡山县政府修建的高黎贡山独龙江人马驿道风雪东哨房，位于高黎贡山垭口东坡的高山草甸，海拔3400多米，过往行人必须在这里养精蓄锐，才能有力量登上雪山垭口的陡坡。因此，人们把东哨房称作"救命房"。这里驻守着10多个人，有管物资的、维修驿道的。接待来往马帮行人。他们中有藏族、怒族、傈僳族、独龙族、汉族等，是一个民族团结的大家庭（1983年11月）

在人马驿道上经常可遇到常年跋涉在雪山路上的邮递员，省劳模李文达（已故），从人马驿道修通后就开始在这条路上跑，雨里雪里，常年累月，不肯耽误一趟邮班——高黎贡山独龙江人马驿道东哨房（1980年5月）

1965年，为了方便行人和运送物资，县政府在雪山驿道上建了东哨房、西哨房、其期及"三队"4个歇宿点（转运站），借以储放物资或遇恶劣天气时躲避风雪。哨房都是用木板搭建的便棚，后来将往来人集中的东哨房和其期改建为铁皮房。

1970年怒江军分区在海拔3300米左右的地方也建了一幢小木房作为接待站,人称"雪山旅社"。1980年10月,我父亲和刘开弟进独龙江时,在"雪山旅社"停留过。记得当时驻守的贵州籍战士林习春和大家正在吃饭,突然有人跑来报信说,有群众被大雪困在山上,大家立即赶去营救,天黑才把群众安全接出来。随后几年,我父亲每年都住两次"雪山旅社",战士换了一批又一批,但他们为群众服务的传统一代一代地传了下来。

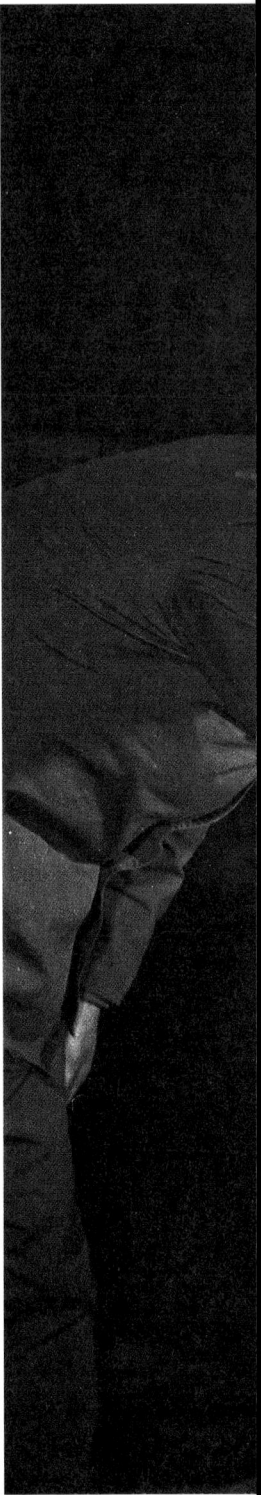

战士林习春(左一)在热饭菜招待来往人员——高黎贡山独龙江人马驿道部队东哨房(1980年11月)

东哨房,人们称之为"雪山旅社",经过一天跋涉的人们来到这里,就如走进了温暖的家——高黎贡山独龙江人马驿道(1979年6月)

1999年9月独龙江公路通车前，这条人马驿道是独龙江通往外界的通道。因半年雪封山，为了在雪封山前抢运物资和解决人员信息往来，县上和乡里先后成立了马帮，私营马帮也不断涌现，人马驿道上马帮、行人川流不息，从县城到乡里单程要3—5天。20世纪八九十年代，每年从外面运进独龙江的粮食、药品、盐等物资75—80万公斤，每年开山季节要组织2万工日和数十万马帮日（每匹马每天为一个马帮日）的骡马队，最多的每天有500多匹马在驿道上奔忙。雪封山时，马帮已经不能走了，但还有零星的赶路人背着急需的物资进山。

1999年9月独龙江简易公路通车，因土路晴通雨阻、路况较差，冬春季仍然有半年雪封山。这条人马驿道仍然是独龙江重要的进出通道之一。直到2014年末独龙江柏油新公路全线贯通，这条人马驿道才不再使用，现在是作为高黎贡山保护区巡山路和徒步旅游的线路。

冒雪抢运物资到独龙江的马帮——高黎贡山独龙江人马驿道东哨房
（1983年11月）

露宿屋檐下的赶马人。经过长途跋涉,赶马人在区政府大院下马驮、放马、治病马,然后找一个屋檐下的角落,生火打茶、烤衣服、煮饭,晚上铺上马垫过夜——独龙江区大院(刘征荣提供,1984年6月)

雪开山前,因急需物资,已经有不少人背货进山——高黎贡山独龙江人马驿道(1991年5月)

高黎贡山人马驿道开通后,乡政府到各个村组的道路也逐渐得到了改善。截至1999年通公路前,独龙江乡政府到6个村委会和大的村寨陆续修建了人马驿道及吊桥。但是,因独龙族群众居住非常分散,进出边远的村落仍要穿密林、攀悬崖、爬天梯、过溜索和独木桥、藤篾桥。

绝壁上的路——独龙江乡迪政当村(2003年11月)

1999年9月,从县城到独龙江乡简易公路通车,全程96.2公里,车程缩短为8小时(司忠诚摄)

三、简易公路促发展

独龙江的交通始终牵动着各级党委政府的心。云南省委、省政府从 1972 年就开始筹划修建贡山—独龙江公路了，云南省公路设计院和州级交通部门先后派出技术人员调研和规划路线，但都因特殊的地理环境和气候导致修路工程艰巨、线路规划不理想、资金不足等，一直没能列入建设计划。

1994 年，国务院开始实施《国家八七扶贫攻坚计划》，交通部把贡山—独龙江公路列入了"八五"交通扶贫项目，1995 年 5 月开始修建。1999 年 9 月 9 日，在交通部和省交通厅的支持下，历经 4 年，投资 9800 万元修建的贡山县城至独龙江乡孔当村的毛路通车，从县城到独龙江乡的时间从 3—4 天缩短到 8 小时，彻底结束了独龙江乡独龙族不通公路的历史，为这个遥远封闭的地方打开了一道大门。

但是，这条公路是一条土坯毛路，许多路段绝壁上的挡墙、河桥的桥墩都是木垛堆起来的，经常被暴雨山洪冲毁，塌方、滑坡时有发生，要经过海拔 3390 米的遂道，每年冬春仍然半年雪封山、经常晴通雨阻。

2003 年 11 月，我乘车进独龙江，感受到坐在摇摇晃晃车上的心惊胆战，见证了独龙族群众见到汽车时的惊喜和好奇。

独龙族群众在家门口第一次看到了汽车,90 岁的文面女木秀兰(左)和丙秀芳(中)看着汽车,开心地说:"想不到我这一生还能见到汽车。"——独龙江乡孔当村木切旺(2003 年 11 月)

高黎贡山独龙江简易公路全长96.2公里,按照山岭重丘区四级公路标准,路基宽4.5米,地形陡峭地段每300—500米设置错车道,在通往独龙江的高黎贡山23公里路上,有400个拐弯。因道路弯多狭窄,晴通雨堵,滑坡、泥石流和雪崩时有发生,独龙江进出仍然较为困难。图为两车错车情景(2003年11月)

独龙江峡谷雨季从4月到10月,独龙江简易公路晴通雨阻,进出独龙江的车辆因塌方、滑坡、泥石流、下雪,经常被堵在途中,雪山过夜是常事(2008年10月)

独龙江简易公路要经过高黎贡山海拔 3390 米的黑普破洛垭口隧道,但仍然每年 12 月到次年 5 月半年雪封山(2009 年 5 月)

1999年9月独龙江公路通车后，修路设备和物资得以运到独龙江乡，云南省各级交通部门开始在独龙江乡规划和修建通村道路。2007年，全乡6个行政村之间的简易土路相继连通。

2010年，云南省在独龙江乡率先实施《独龙江乡整乡推进整族帮扶五年规划三年行动计划》，独龙江乡6个村委会全面实行易地扶贫搬迁，对居住过于分散的农户集中安置，并修建通村达组的乡村公路。

2011年11月，巴坡村拉王夺组和迪政当村最北端的雄当组举行了通车典礼，耗时10多年，终于实现独龙江全乡所有村组公路全部贯通。独龙族群众载歌载舞，庆祝这历史性的一刻。

抢修塌方的村组公路——独龙江迪政当（2008年10月）

贡山县独龙江乡迪政当至雄当组公路通车典礼大会（2011年11月）

四、柏油马路奔小康

2010年,云南在独龙江乡率先实施"整乡推进整族帮扶"三年行动计划和后续两年巩固提升工程,实现公路通村达组、破除半年雪封山、实现乡村公路通畅是建设重点之一。修建过程中,由于独龙江地区雨水过多,山高坡陡,沟壑密集,塌方滑坡多,道路改扩建中重复建设多、工程难度大。2014年末,长达6.8公里的高黎贡山隧道终于贯通,从贡山县城到独龙江乡政府孔当的柏油新公路全线通车,总里程79.8公里,从县城到独龙江乡的行车时间从8个小时缩短到了2个小时,彻底结束了独龙江半年大雪封山的历史。

2013年,国家实施精准扶贫、精准脱贫基本方略,所有县乡通柏油路、乡村通硬化路是重要脱贫标准之一,独龙江乡也启动了村组通柏油路建设工程。2014年末,独龙江乡实现所有村委会通柏油路,基本解决了独龙族群众的行路难和运输难问题,不少村民买了汽车、摩托。2018年独龙江乡实现了村村通客车。

2010年开始改扩建的独龙江公路。图为雪山修路(2012年6月)

雪山险路行车——正在改扩建的独龙江公路（2012年6月）

独龙江乡通客运班车了——新公路独龙江隧道口（王靖生摄，2015年12月）

独龙江进藏公路已通到西藏界迪布里——独龙江乡南代（2018年12月）

新建的独龙江乡客运站（2019年5月）

独龙江两岸通村柏油路全线贯通——独龙江峡谷孔当（2013年7月）

五、竹溜索到公路桥

"一桥飞架南北,天堑变通途。"从竹溜索到人行便桥再到公路桥是独龙江地区交通"一跃千年"的真实写照,也是独龙江70多年交通巨变的缩影。

中华人民共和国成立以前,独龙江的独龙族遇到江河溪流阻挡,便就地取材用竹篾、藤篾制作溜索或者用倒木搭建独木桥过河。20世纪50年代,在边疆民族工作队的帮助下,独龙江乡干部群众就地取材在独龙江上架起了一座座藤篾桥。1964年10月贡山至独龙江的人马驿道修通,人们从山外扛来铁索或钢索替换竹篾、藤篾溜索,并用钢索加固和架设吊桥。

下页图:直到21世纪初独龙江峡谷内的竹溜索仍然还是居住在边远密林中独龙族的交通工具——独龙江乡龙元村龙仲(2006年10月)

行走在孔目钢索便桥上的邮递员——独龙江孔当村孔目（1983年10月）

70岁的独龙族文面女迪秀珍过钢溜索——独龙江乡献九当村丁给（2003年10月）

钢索木板便桥——独龙江乡献九当村（2003年10月）

独龙江上最后的藤桥——独龙江乡迪政当村（2006年10月）

如今，独龙江上的溜索、藤桥都变成了彩色钢板桥，称为"彩虹桥"——独龙江乡马库村（2018年12月）

1965年7月，独龙江上修建了第一座钢索人行便桥——红星桥，1981年，红星桥改为人马吊桥；1966年，又用修红星桥所剩资金修建了吉木斗人马吊桥；1989年，修建了孔目钢索人马吊桥。截至2001年，整个独龙江上只有3座人马吊桥，是当地群众出行的重要通道。

2010年独龙江乡实施"整乡推进整族帮扶"，"溜索改桥"工程全面推进。截至2022年末，独龙江上的藤桥、溜索除保留旅游体验外，已全部改造成人马吊桥，共修建了7座公路桥，27座钢结构人马吊桥。

现在，独龙江上竹溜索、钢溜索、藤篾桥、独木桥、钢索便桥、钢板桥、人马吊桥、公路桥齐聚，完整地记录了"直过民族"聚居区桥的发展历史，成为独龙江峡谷中一道独特的历史景观。全乡机动车辆从无到有，独龙族同胞过去靠人背马驮的出行方式永远成为了历史。

1965年建成、1981年改建的独龙江第一座人马吊桥——红星桥。1965年，独龙江不通公路，建桥用的钢索、材料、器材以及施工人员的生活物资、药品都要靠人背马驮，从碧罗雪山东麓的维西岩瓦翻两座大雪山，运到独龙江巴坡村。施工队苦战了7个月，于12月31日建成了人行钢索便桥——红星桥。1981年，贡山县交通局修路队将红星桥改为人马钢索吊桥（翻拍于《怒江交通志》）

在原红星桥址上新修的独龙江巴坡孟丁水泥公路大桥（2019年10月）

154 — 155

1989年建的独龙江孔当村孔目人马吊桥（2001年8月）

2002年建成的独龙江第一座公路吊桥——孔当孔目吊桥（2003年10月）

1958年丙中洛秋那桶尼大当渡口用独木舟渡运进藏马帮物资（翻拍资料）

渡口如今已建起贡山进藏公路尼大当大桥（王松摄，贡山县委宣传部提供，2018年7月）

新建的彩虹公路大桥——独龙江乡孔当村（2019年10月）

六、发展驶入快车道

新公路通车后,各类物资进入独龙江。这条公路既是生活在独龙江畔独龙族群众的生命线,也是脱贫奔小康的致富路。

2004年,开通卫星移动电话,结束了最后一个民族不通电话的历史。

2006年,建成2×320千瓦孔目电站,解决了乡级机关和孔当、献九当两个村委会部分群众的用电问题。

2008年,全乡实现村村通电话。

2012年,南方电网帮助全乡实现户户通电;2014年,农村电网改造112千米;2018年,建成400千瓦柴油发电及200千瓦储能系统,实现水电、柴油发电,储能多能互补的微型智能电网,基本保障了独龙江发展的电力需求;2021年,建成投用35千伏电网联通工程。

2010年以来,新建了广播电视发射塔,开通了程控电话、宽带网络,独龙族群众看起了电视,用上了电脑、手机;2014年又开通了移动4G通信网络,信息获取和语言沟通多样化。独龙族社交语言从过去单一的独龙语,逐渐扩展到使用汉语、傈僳语、怒语,从过去封闭保守的环境中走出来,增进了对外界的了解与信任。

2014年,从事车辆运输、加工业、旅游和餐饮服务、手工艺品制作、经商等行业人员占独龙族劳动力的30%以上,广大群众积极参与市场经济,思想观念明显转变。

2019年,全乡6个行政村全部实现通车、通电、通电话、通网络

2006年新修的独龙江第一个电站——孔目电站（2013年5月）

手机成为独龙族群众的主要通信工具。图为打电话的独龙族文面老人——独龙江乡龙元村（2008年10月）

宽带、通广播电视、通安全饮水、有活动场所。独龙江乡是云南省第一个实现村村通4G和率先开通5G基站的乡镇，有了方便快捷的金融服务网点，全乡80%的农户拥有机动车。

独龙江乡特色产业和旅游业发展突飞猛进，物流人流畅通快捷，涌现了大批农村致富带头人，脱贫奔小康的日子越过越红火，迈上了高速发展的快车道。

独龙江公路打开了独龙江旅游的大门,观景台上游客争相拍照(2015年2月)

摩托车成为独龙族群众主要的交通工具。图为老家在南代的人们到山里挖重楼苗归来——独龙江乡雄当村南代（2019年5月）

搭车上山背柴——独龙江乡迪政当村雄当（2019年10月）

独龙江新公路通车后,在广东打工认识结婚的临沧佤族小伙李老三和独龙姑娘齐美玲返回到独龙江乡创业,买了轿车拉人拉货,开起了小商店,日子越过越好。现在,李老三成为村里的党员致富带头人,还带领村里其他农户一起找门路,发展致富产业。图为李老三与齐美玲在经营小商店 —— 独龙江乡献九当村(2019年10月)

下页图:独龙江新公路是独龙江连接外界的唯一公路,是生活在独龙江畔的独龙族群众的生命线和致富路。道路通车至今,独龙江交警中队的5名交警和5名辅警,从高黎贡山到担当力卡山,从独龙江的上游到下游,从一个村到另一个村,每天守护着这条生命线和致富路,确保道路的通畅以及过往车辆和人民群众的生命安全。图为雪地里交警、辅警在独龙江公路上合力推车,帮助过往车辆安全通行(郭子雄摄,2018年2月)

第四章 一『房』安民心

中华人民共和国成立前夕，独龙族群众居住尚未固定，还有不少人住岩洞和树屋。中华人民共和国成立后，独龙江的独龙族逐渐居有定所，形成固定村落。沿独龙江公路逆流而上，6 个行政村在独龙江两岸按照从下游到上游、由南向北分布，下游地区包括巴坡和马库 2 个村，中游地区是孔当村，上游地区包括龙元、献九当、迪政当（"当"为平地）3 个村。

2000 年以前，因交通闭塞、运输困难，独龙族群众的住房一直是就地取材，多为篾笆茅草房和木楞茅草房，居住非常分散。独龙江简易公路通车后，独龙族住房才逐渐得到改善。2001 年，政府首次在独龙江乡实施扶贫安居工程，用石棉瓦和铁皮代替茅草房顶改善群众住房。2010—2018 年，全面实施易地扶贫搬迁，在 28 个安置点新建了新村，所有独龙族群众都住上了砖木结构的安全稳固住房。2020 年独龙族与全国各族人民一道同步迈进全面小康社会。

> 1980 年 10 月，南部下游地区，巴坡村孟顶一带的干脚落地干栏式竹篾茅草房还保留着家族连房长屋的特点，人口多的家庭，分一户就增加一个火塘，有几家长屋里就有几个火塘，还保留着主妇管仓、主妇分食的习俗

一、散落的干脚落地茅草房

清道光《云南通志》记载独龙人的居住情况："其居处结草为庐，或以树覆之……更有居山岩者。"清末夏瑚的《怒俅边隘详情》把独龙人居住状况和他们的农业生产结合起来记述：

> 唯上下江均系地广人稀，恒三五十里始得一村，每村居民多至七八户，少至二三户不等，每户相距，又或七八里十余里不等。江尾曲、傈杂处，居民较上下江为稍密，每村有多至二三十户者。房屋系随结竹木，盖以茅草。房中烧火一堂（塘），家人父子围炉歇宿，人多之户，有烧水二三堂（塘）者。家有粮食布饰等件，则于附近山林密处，另结茅屋数处，分别储存，日需若干，临时始往

1. 夏瑚:《怒俅边隘详情》,载吴光范校注《怒江地区历史上的九部地情书校注》,云南人民出版社,2014年版,第6页。

取用;……今年种此,明年种彼,将住房之左右前后地土,分年种完,则将房屋弃之他,另结庐居,另坎(砍)地种。[1]

据当地独龙族老人说,中华人民共和国成立前,独龙人不断迁徙,没有固定的居处,也没有力量盖房子,暂时用草叶树皮在山坡上搭个极简易的窝棚栖身。为了躲避猛兽和土匪,也有不少人家住岩洞或在树上建巢而居。

中华人民共和国成立后,在党和政府的帮助下,独龙族群众修建了简易的固定住房,基本形成固定村落。适应独龙江峡谷的自然环境,独龙族的生产生活主要集中在海拔2000米以下的河谷或山麓平台上,独龙族村落很少选在江边,长期以来习惯于在较高难行的山坡造屋。原因有二:一是刀耕火种轮作的"烧山地"散落在山间,多在山腰到山顶的地方,在较高难行的山坡造屋,既方便耕种又便于狩猎和采集;二是江边多是山洪爆发、山石和倒木滚落的地方,江边气候炎热、蚊虫肆虐、易染疾病。后来随着水田的开发,部分人逐渐在江边水田处定居。独龙族村落大都散落在山坡地带和密林之中,大的二三十户，小的一两户，一般在十户左右的自然村较多，村与村之间相距十几里或几十里。村寨虽然固定，但因生产需要，往往山脚、山腰、山顶都有住房，形成不定期的隔年流动，山上山下也相距十数里。这样的分布情况持续到2010年全面实施易地扶贫搬迁集中建新村。

2000年以前，因不通公路，建筑材料难以运到独龙江乡，独龙族群众就地取材修建住房，建筑材料均取自树、竹、藤、草等，将它们加工成圆木、木梁柱、木板，编织成竹篾笆、藤索和草束等，梁柱和竹篾全用榫卯契合、藤索绑固。

独龙江乡南北部地理环境、气候和植被差异较大，建房材料和房屋的功能需求也差异较大，从南到北不同村寨的独龙族还因传统生产生活习俗的差异而形成各具特色的住房。

孔当村以南下游地区，地势较低，然两岸山地陡峭不平，气候稍热多竹林，所建房屋多为依山势而建、呈长方形的千脚落地干栏式竹篾茅草房。房屋一端搭接山地，另一端临空架设。于建房的四角各竖立一根木柱，四边拉上水平状麻线作准绳，每隔约50厘米插上一根竖立的木柱，坚硬耐腐的木柱密密麻麻地插在斜坡上。沿着四周的屋柱于靠山坡之一端，每隔约50厘米用藤篾索绑上一根横梁，外侧常用圆木，内中多用较粗壮结实的竹竿；靠山坡一端的底部与山坡保持一定距离，便于山雨从屋下淌走。屋内有多根屋柱，用以支撑各段横梁，较短。用木柱或木杆竹篾捆扎的框架，纵横交错构成房屋的基架，基架之上留下火塘的位置，全部房屋基架柱脚包括火塘基座都插埋地下，整个房屋组成一个平向的框架结构的整体，铺以竹篾地板或木板，用篾笆围壁，房顶上盖以茅草，装上木门，房即盖成，这样的住房被形象地称为"千脚落地房"。因山地石头较多，柱脚插埋不深，河谷潮湿，柱脚容易腐烂，每隔几年都要更换。

北部上游地区，献九当村以上至迪政当村多为圆木结构的木垒房和木板房，房顶仍是茅草铺盖。图为献九当村木楞茅草房（1980年10月）

孔当村以北中上游地区，地势渐高，气候稍寒，小块平地相对较多，亦多松林，所建房屋多为以木板镶围或用整个圆木垒叠成的正方形或长方形的木垒房（或称木楞房）。这种房屋保暖防寒效果较好。房屋于四个屋脚各埋一根柱子，再用大小石块垒至10厘米左右的高度，依据房屋大小用若干柱脚支撑。若在山地斜坡上建屋，在靠山坡的一段垫以石块，朝江面的一段临空用较长的柱脚支撑在地或用石块充垫于地，于四根立柱依水平向上拉麻线，沿此线的四边两两平行地架放上四根底梁，其中两根一头搭在靠山坡一端的底梁上，另一头搭在临空架设的底梁上，其下用两三根立于地面的柱脚支撑着。四根底梁相互接头处均砍削出凹槽，便于咬合固定，其上铺接地板，四周用圆木垒壁，房顶盖上茅草或木板，门窗为避风雨和保暖一般都很狭小。

竹片和竹篾搭建的苞谷楼——孔当村王美小组（2003年10月）

龙元村木板茅草房及仓库（2003年11月）

北部上游地区，迪政当村以上村组多为木垒木板顶房或木垒茅草顶房。图为迪政当村麻必洛老村的木垒木板顶房（2003年10月）

二、改造的铁皮石棉瓦顶房

2001年,云南省委、省政府把独龙江乡列为省级重点民族特困乡,开展综合扶贫开发,省委扶贫工作队进驻独龙江乡,首次在独龙江乡实施了大规模的安居工程。政府把石棉瓦和铁皮运到新乡政府所在地孔当村,凡是要盖新房或改造房顶的农户都可以根据自己的需求找扶贫工作队免费领取,盖新房的农户每户补助3000元材料费。同时,扶贫工作队员和乡村干部深入农户指导生产生活,动员建新居,动员高山边远过于分散居住的农户搬迁到交通较为便利的地方集中建房。

省委扶贫工作队入户动员独龙族农户改建安居房——独龙江乡孔当村腊派（2001年8月）

2001年，政府首次实施安居工程，免费提供石棉瓦和铁皮，独龙族群众可以根据自家需要驮石棉瓦或铁皮改造房屋或新建安居房，因公路修通到孔当村，独龙江乡政府将从巴坡搬迁到孔当村，所有的物资都运到孔当村。图为正在驮石棉瓦回家盖房的独龙族群众——独龙江乡孔当村（2001年8月）

2001年开始建设独龙江新的乡政府所在地孔当,乡里买了电视放在庭院里供大家观看。那时电视机在其他地方已经不是稀罕事,但在独龙江乡还是新事物。周边远近各村的村民们一到晚上,手持松明火把,携带雨具,不顾山路险远,过藤桥,到机关庭院里看电视,在露天庭院里一个挨着一个席地而坐,一看就是几个小时 —— 独龙江乡孔当村(2001年8月)

孔当一社老村（1983年10月）

第一批易地搬迁安居村

安居工程的实施激发了部分独龙族群众盖新房和改造住房的积极性，离孔当村较近、有劳动力、有经济能力的农户都来领取石棉瓦或铁皮，大家互相帮助改造住房或盖起新房。同时，政府针对独龙族群众居住过于分散、建房较为困难的问题，在孔当村附近建设了第一批石棉瓦安居新村，实施就地搬迁、集中安置，解决了部分农户的住房问题。

独龙江第一个木方石棉瓦扶贫安居新村——独龙江乡孔当一组新村（2001年8月）

位于独龙江乡北部的迪政当村向红组南代，从迪政当村委会前往要走2天，农户居住非常分散。2001—2002年，乡政府建设了向红组易地搬迁安居新村"班"，动员群众就近搬迁。2003年11月，我同武装干事斯小东到班调研，班已搬迁入住13户，但仍有部分群众不愿搬迁。村里配套建设了6个水池，1所小学。2006年10月，我再次到这里时，学校因集中办学已经撤了（2003年11月）

2001—2002年 乡政府在巴坡村（原乡政府所在地）的河滩上建设铁皮房安居村，动员居住边远的20户群众搬下来，取名"马爬栏组"（2003年11月）

为了加快推进扶贫安居工程，省、州、县派驻的扶贫工作队和乡村干部组织马帮从孔当村把铁皮和其他建筑材料运往不通公路的马库、巴坡、献九当、龙元、迪政当等村寨，帮助更多的农户改造房顶。政府也陆续修建了一批易地扶贫新村，动员并组织农户就近就地搬迁、集中安置，并逐步加大了人畜饮水、通路、学校等配套工程的建设力度。2008年，孔当村肯底小组开始统一修建第二代木结构的安居房新村。

经过10年的努力，截至2010年，独龙江乡独龙族无房户的问题基本解决。但是，因建筑材料运输困难、劳动力不足、经济能力薄弱等原因，茅草房改造没能全面完成，竹篾茅草房和木楞茅草房仍然存在，竹篾房、木垒房和木板房仍然是独龙族群众的主要住房。

安居村还未修完的新房 —— 向红"班"（2003 年 11 月）

搬进新居——位于独龙江乡迪政当村向红小组的安居新村"班"（2003年11）

三、集中居住的新村砖瓦房

2010 年,为了彻底解决独龙江乡独龙族群众的住房问题,党和政府把安居工程作为一项重点工程,全面实施易地扶贫搬迁。政府整合各项帮扶资金,采用统一规划、统一建设的方式,建设 28 个新村集中安置 6 个村委会 41 个自然村的独龙族群众,按照前期调研的家庭人口数量,免费为每个农户统一修建一栋安全稳固的砖木结构住房。其中,普卡旺等 3 个小组作为生态旅游文化示范村,为每个农户免费修建两栋独龙族特色民居,一栋用于居住,一栋作为旅游接待。

州、县驻村帮扶工作队员和乡村干部走村入户,利用各种会议讲政策和发展规划,反复动员做工作,开展各种现代文明生活培训,鼓励和帮助独龙族走出深山,积极参加新村建设。截至 2018 年 6 月,独龙江乡所有新村全部建成,绝大多数独龙族群众都搬进了新村新房,开始了新的生活。

雄当小组公路刚修通就进入紧张的新村建设中。计划新村建成后要将向红、麻必洛、熊茸等地分散居住的农户都集中到这里,将原居住地退耕还林。但是,已适应分散居住在大山深处的群众搬迁集中居住,有一个转变的过程。2002年,扶贫工作队在向红的班建新村,动员分散在南代的农户搬出来,可部分农户不愿搬。2011年11月,在雄当组通车典礼大会上,乡党委书记和乡长在山村扶贫动员会上讲政策和未来发展的规划,进行扶贫新村建设和搬迁动员,以及文明生活的培训。——独龙江乡迪政当村雄当小组(2011年11月)

合力扛建材建新村——独龙江乡龙元村（2011 年 11 月）

背砂石的独龙族年轻人——独龙江乡孔当村丙当（2011 年 11 月）

迪政当新村建设工地上在干活的工人们——独龙江乡迪政当村（2011年11月）

2010年至2018年8年间,独龙江乡原先分散居住的独龙族群众全部集中安置在水、电、路、卫生、文化设施齐全的安置点,建成独具民族特色的安居房1023户栋,其中旅游型安居房323户,配套厨房490间。传统独龙族民居茅草房、木板房、篾笆房,已经被水、电、网络、通信、厨房、生活设施齐全的现代安居房取代。针对在动态识别中发现的住房不达标的24户,还新建幸福公寓24套,彻底解决了独龙族的安全住房问题。

结合群众需求和旅游发展的新要求,还实施乡村配套设施建设和人居环境提升,文明的生活习惯和生活方式正在养成。截至2022年,独龙江乡人居环境大为改观,呈现出人干净、户清洁、村整洁的繁荣美丽宜居新面貌。

2003年6月,我到普卡旺老村木楞茅草房,房前屋后都种着苞谷(2003年6月)

普卡旺生态旅游村华丽变身

从孔当村顺独龙江往南走 4.7 公里,有一条清澈见底的河流——普卡旺河,顺河转进山洼里,有一个完全保留着茅草房的小村,因普卡旺河而得名普卡旺村,背靠担当力卡山,河水碧蓝如玉,全村共 13 户 58 人。2011—2013 年,普卡旺村因是原生态保护最完好的自然村,在政府和上海对口帮扶的扶持下,建成了生态旅游新村。如今的普卡旺村一排排兼具传统与现代、窗明几净的独龙民居坐落在青山脚下,硬化道路连接着每户人家,村前清澈碧绿的河水倒映着蓝天白云、翻涌着白浪流向独龙江。这里是独龙江独具特色的美丽村寨,是旅游者必到的打卡点之一。

建设中的普卡旺新村(金吉明摄,2011年11月)

具有独龙族特色的现代木垒房——独龙江乡孔当村普卡旺（2013年7月）

下页图：2016年3月，普卡旺民族文化特色新村已经建好，农户都搬迁入住，旅游接待已经初见成效，成为一个美丽宜居、游客成群的独龙特色生态旅游村

2001年,一些农户自发从山上搬到江边盖起茅草房——独龙江乡孔当村委会肯底老村(2001年8月)

孔当村委会肯底村焕然一新

位于独龙江畔的肯底村,与乡政府隔江相望,全村23户107人。2001年,因独龙江简易公路通车了,一些农户自发从山上陆续搬迁到独龙江边公路旁居住,自然形成了肯底老村。2003年,茅草房顶换成了石棉瓦房顶。2010—2015年,肯底老村全部改造建成了新村,更多的分散居住的独龙族农户集中安置在这里,矮小漆黑的茅草房、木楞房被宽敞明亮的砖木结构住房所取代。

2003年在扶贫安居工程政策的扶持下,农户盖起了第一代石棉瓦安居房,用石棉瓦替换了茅草屋顶——独龙江乡孔当村肯底老村(2013年5月)

下页图:易地扶贫搬迁新建了孔当村肯迪新村全貌(2016年3月)

美丽的肯底新村（贡山县委宣传部提供，2017年9月）

独龙江边沿江而居的雄当小组,村民们喜欢称为"熊当",意思是有熊出没的地方,海拔1720米,年平均气温16.2℃,距离村委会2公里,距离乡政府42公里。2009年,该小组有27户135人。2011年11月以前,简易土路只通到迪政当村委会,从村委会到雄当只能徒步走林间小道,运输靠人背马驮。村民住房多为竹木结构的矮楼房,顶上覆盖茅草或木片,楼上住人,楼下养牲畜。民居散落在山麓台地和山坡上。该小组主要以种植业、畜牧业、林业为主。人均耕地仅0.9亩,其中高稳产农田地面积仅0.16亩,北部偏寒凉,只能种植玉米、燕麦等作物,产量低,采集菌类、野菜、中药材等成为重要收入来源。2009年,该小组农民年人均纯收入仅700元,仅相当于怒江州和云南省平均水平的40.96%和20.78%。图为雄当老村(2003年10月)

迪政当村雄当小组成为现代新农村

2011年11月,雄当小组通简易土路后,开始建设安居房。村里以公房为中点,右边是村民的老木板房,左边是崭新的安居房,传统房屋和整齐漂亮的砖瓦安居房并立。新的安居房每户约60平方米,沿袭了独龙族传统房屋的外形特点,木门廊、墙壁上是木状拼接,每家门口有石子小道,还有自来水管。2013年,全体村民搬进了新房。雄当小组因气候冷凉不能种草果,政府支持农户发展羊肚菌、重楼、养蜂等特色产业,鼓励村民发展乡村旅游业,有条件的村民办农家乐,还组织劳动力外出务工,多种举措帮助村民增收,不少农户购买了汽车、摩托。2018年,雄当村农民人均可支配收入超过了4000元,提前两年实现整村脱贫出列、全部村民脱贫。图为已经脱贫的雄当新村(2019年5月)

1999年9月通简易公路以前,独龙江地区的物资供应主要依靠政府的贸易商店,私人商店极少。1999年9月通公路以后,乡政府和各村私人小商店如雨后春笋般快速发展起来。2014年2月独龙江乡柏油路通车后,独龙江乡的商业服务日益繁荣,各种商店、酒店、饭店、服务设施陆续建成,各村商店里的商品种类更加丰富,销售量大大增加,极大便利了当地群众的生产生活。图为独龙江乡的酒店和商品批发部——独龙江乡孔当村(2021年2月)

新村的配套设施不断完善

新村的水泥路——独龙江乡孔当村鲁腊新村（2018年11月）

独龙江乡建了第一个磁化垃圾处理厂——独龙江乡迪政当村（2019年10月）

四、步入现代文明生活方式

现代文明的生活习惯正在养成

搬进新村后,独龙江乡广泛开展现代文明生活培训,定期评选"家庭环境卫生示范户""最美庭院",还搞起了家庭内务"每日一晒"评比活动,并通过微信群分享整洁家居的照片。这些活动使得讲卫生、爱干净、勤打扫、常清洗逐渐成为独龙族的生活习惯,村美、家美、人美随处可见。

各村每周组织村民打扫公共卫生已形成习惯和制度——独龙江乡龙元村（2016年3月）

20世纪80年代，背水是独龙族妇女每天必不可少的一项劳动，也是解决饮水问题的主要方式，打扫清洗成为奢侈——独龙江区孔当村（刘征荣提供，1984年）

2003年，扶贫安居工程把水池修到家门前，用水条件得到一定的改善——独龙江乡迪政当村向红组班（2003年11月）

易地搬迁到新村后，小组里修了洗澡间——独龙江乡巴坡村木兰当（2013年7月）

独龙江的最美庭院——独龙江乡马库新村（2018 年 12 月）

独龙族家家争当示范户。图为家庭环境卫生示范户迪志英、江忠达老人一家——马库村钦郎当组（2018年12月）

这样打扮我们的庭园（潘锦秀，2019年9月）

新村里的活动室和图书室——独龙江乡马库村（2019年5月）

生活变得更加丰富多彩

搬进新村后，公共服务设施更加完善，独龙族无论是孩子、青年、老人，都有了更多的休闲娱乐方式。独龙族的生活变得更加丰富多彩，笑脸上洋溢着幸福和满足。

新村里安装了健身器械——独龙江乡马库村（2018年12月）

独龙江乡每个村委会都建了篮球场——独龙江乡孔当村（2019年6月）

工作之余聚在火塘边喝酒、聊天、唱歌是独龙族曾经的主要娱乐休闲方式——独龙江乡马库村（2003年5月）

文面女的生活变化

2003年10月，我在独龙江调研独龙族的生产生活情况，遇到了不少文面女，她们最年轻的已经50多岁，最大的90多岁，都住在黑暗矮小的茅草屋里，家里只有火塘和简单的生活用具。2012年6月，我再次进到独龙江，独龙族群众已经在陆续搬进新村砖瓦房，我又见到了不少文面女，她们有的已经搬进了新房，有的在准备搬新房。看电视成为大多数独龙人家的休闲方式，也是获取信息、开阔眼界、学习新知识的重要渠道。年老的文面女们更喜欢的是教授织独龙毯和用独龙语唱红歌。

搬进新房的文面女丙秀芳已经儿孙满堂,宽敞明亮的家里摆着电视、音响、冰箱、洗衣机等家用电器和各种家具,亲朋好友围坐在沙发上看电视、喝茶喝酒、聊天,他们还用独龙语即兴唱起了感谢共产党、歌唱新生活的歌(2012年6月)

17年前我认识齐永明、开如娜一家时,他们还住在简陋矮小的茅草屋里——独龙江乡献九当村齐当组(2003年10月)

齐永明家的故事

2001年,我在献九当村齐当小组遇到了齐永明、开如娜夫妇一家。他们一家三代人住在竹篾茅草房中,家里仅有锅碗衣物,生活以种苞谷为主,采集野生药材、菌类和植物以及打鱼都是重要的食物来源,每年有3—4个月依靠救济粮。2012年,齐永明一家搬进了新村的砖木新房里,用上了电视、洗衣机等电器以及沙发、茶几、床、柜等各类家具。2018年12月,在新村里再次见到齐永明老人时,开如娜已经过世,他们的儿子成了党员和致富带头人,儿孙满堂的幸福生活让齐永明老人精神矍铄,对未来充满了期待和向往。

现在齐永明老人(左二)一家已搬进了山下新村的新房,95岁的齐永明老人尽享天伦之乐——独龙江乡献九当新村(2018年12月)

第五章 共圆千年小康梦

"国以民为本,民以食为天",解决温饱求生存是包括独龙族在内的所有人类千百年来孜孜以求、努力解决的首要问题。中华人民共和国成立 70 多年来,解决温饱、脱贫奔小康始终是各级党委政府和独龙族群众的第一要务。独龙江地区特殊的自然地理环境和生存条件,注定了独龙族解决温饱、脱贫奔小康与交通的改善、科技的推广应用和可持续发展理念息息相关。

1999 年 9 月独龙江简易公路通车后,大量的生产生活物资运进独龙江,温饱工程、退耕还林、"天保工程"等政策措施的实施,基本解决了独龙族吃粮问题,同时推动了种养殖业、旅游业和商品经济等多元产业的发展,但是独龙族整体深度贫困状态没有得到根本性改变。

2014 年,县城到独龙江乡各村组的柏油马路全线贯通后,在习近平总书记的"绿水青山就是金山银山"理论指导下,独龙江乡多元生态产业快速发展。草果、重楼、羊肚菌、生态民族文化旅游业等生态产业成为独龙族群众的主要收入来源,生态保护与生态产业融合发展初显成效。

独龙族群众用木棍、木锄挖野生块茎食物——独龙江区委会（杨光海摄，1960年）

一、刀耕火种难求生存

"两山夹一江"的独龙江峡谷形成了复杂的地质结构和特殊的自然环境,使得独龙江乡成为我国生存条件恶劣、生产条件极为薄弱的地区。峡谷内陡峭险峻,雨季从2月至10月,长达八九个月,峡谷多雾且有高大山体遮蔽,造成夏秋季低温、寡照和过湿,滑坡、泥石流、洪水、雪灾、大风、冰雹等自然灾害频发,是一个典型的"有天无地,有山无田,有人无路"的高山峡谷地区,严重制约了独龙族群众的生产和发展,阻碍了他们与其他民族的交流和沟通。

清末夏瑚在《怒俅边隘详情》中较为详细地记载了独龙族刀耕火种农业的情况[1]:

> 忙苦渡动以上,唯产荞麦、膏(高)梁(粱)、小米、苞谷、稗芋之类,以下则产旱谷,江尾之拉打阁以下,尤为广产。……江尾虽有曲牛,并不以之耕田,只供口腹。农器亦无犁锄,所种之地,唯以刀伐木,纵火焚烧,用竹锥地成眼,点种苞谷,若种荞麦稗黍等类,则只撒种于地,用扫帚扫匀,听其自生自实,名为刀种火耕,无不成熟,今年种此,明年种彼,将住房左右前后土地,分年种完,则将房屋弃之地,另结庐居,另坎(砍)地种;其已种之地,须荒十年八年,必俟其草木畅茂,方行复坎(砍)复种。

[1] 夏瑚:《怒俅边隘详情》,载吴光范校注《怒江地区历史上的九部地情书校注》,云南人民出版社2014年版,第6页。

20世纪五六十年代,独龙族的耕地主要有轮歇的"火山地"和半固定的"水冬瓜树地"。一般"火山地"种1—2年抛荒,一块地种多种作物;"水冬瓜树地"种3年抛荒,第一年种苞谷,第二年种苦荞,第三年种稗子或小米,同时种上水冬瓜树苗表示私有,之后抛荒。抛荒5—8年后再开始新的一轮刀耕火种,森林、土壤轮番休息恢复肥力。图为轮歇的火山地上,独龙族群众以共耕的方式,一边扒土整地,一边用竹棍"宋姆"点种苞谷——独龙江区委会(杨光海摄,1960年5月)

20世纪五六十年代,独龙族的生产工具主要是长铁刀、木棍、小木锄"戈拉"和镶有小块铁皮的木锄"恰卡"。图中右二身上挂着长铁刀,用于砍树砍草;左一拿的是"戈拉",挖地的主要工具;左二拿的是"恰卡",除了挖地,也普遍用于采集、挖药材等。用"戈拉"挖地,每天只能挖16.28平方米(0.025亩),仅是板锄的1/8——独龙江区委会(杨光海摄,1960年)

1950年解放时,独龙族各家族之间有明显的土地界线,耕地还未固定,主要分布在海拔2000米以下地带,有轮歇的"火山地"、半固定的"水冬瓜树地""手挖地""园地"四种,家族成员可在家族土地区域内轮歇耕种和迁徙。"火山地"是刀耕火种后依靠轮歇自然恢复肥力的天然林地;"水冬瓜树地"是刀耕火种后自然恢复和人工种植水冬瓜树相结合恢复肥力的林地,主要在较为开阔稍显平坦的江边,产量较"火山地"高;"手挖地",分布在村屋附近的肥沃土地,是种粮的主要耕地,但面积极少,不能刀耕火种,只能用铁制木锄"恰卡"手挖,种三四年轮歇一两年,多种作物间种;"园地"是独龙族最早的固定私有耕地,但到中华人民共和国成立初期也还未完全固定下来,每户多者约4亩,少则1亩,连年耕种,不抛荒

不轮歇，多种粮食作物。独龙江地区19000多亩耕地，仅占可耕地面积的21%[1]，80%以上的播种面积都是"火山地"和"水冬瓜树地"，"园地"面积极少，"手挖地"面积最少，98%的耕地坡度大于25度。

20世纪五六十年代，独龙族生产方式以私有自耕为主，伙有共耕还占相当比重（约30%），绝大多数农户还是与家族内几户联合共同生产，捕鱼、狩猎和采集在生产生活中占重要位置，实行集体劳动、平均分配、共同享受。

独龙江地区传统农作物有南北差异。北部以苞谷为主，南部以旱谷为主。北部受藏族影响，还种植高山耐寒的燕麦、青稞等粮食作物，也栽培蔓菁、葱蒜、韭菜、辣椒等10多种蔬菜作物。南部无霜冻，农作物可一年两熟，北部受气候影响只能三年两熟。经济作物主要是草烟，用于自己消费，麻用于织布。

刀耕火种简单粗放，点种后不施肥，一般中间除草1—2次，忙不过来就不除草，即待收割，往往"种一坡收一簸箕"，产量较低且生产收成极不稳定。当时，因耕作技术差异，北部今献九当村一带"火山地"产量每架（约2亩）为4斗9升（亩产量18.38公斤），"水冬瓜树地"为1石另4升（亩产量52.5公斤），南部孔当村一带亩产量比献九当村高出25%—40%[2]。独龙江地区人均有粮不足50公斤，绝大多数人只能吃稀饭、每日两餐，缺粮户占90%以上，缺粮半年以上较为普遍，很多人整年吃不上盐，吃肉更是难得的机会，约有半年多时间靠狩猎和采集山茅野菜维持基本生存，缺粮、缺盐又缺铁是当地三大奇缺。[3]

---

1. 独龙族简史编写组《独龙族简史》，云南人民出版社1986年版，第49页。

2. 《民族问题五种丛书》云南省编辑委员会编：《独龙族社会历史调查（二）》，云南民族出版社1985年版，第5页。

3. 《民族问题五种丛书》云南省编辑委员会编：《独龙族社会历史调查（一）》，云南民族出版社1981年版，第5页。

猎人的荣誉。独龙族狩猎分为集体狩猎和个人狩猎，弩弓是主要的狩猎工具，集体狩猎针对的主要是熊、野猪等猛兽，个人狩猎针对的主要是岩羊、山驴、麂等动物。狩猎所得的所有野兽都必须分给大家吃，每个猎人只是把野兽的头骨、角爪留存下来，悬挂在显眼的地方，以示能力和成绩 —— 独龙江公社马库村（1979 年）

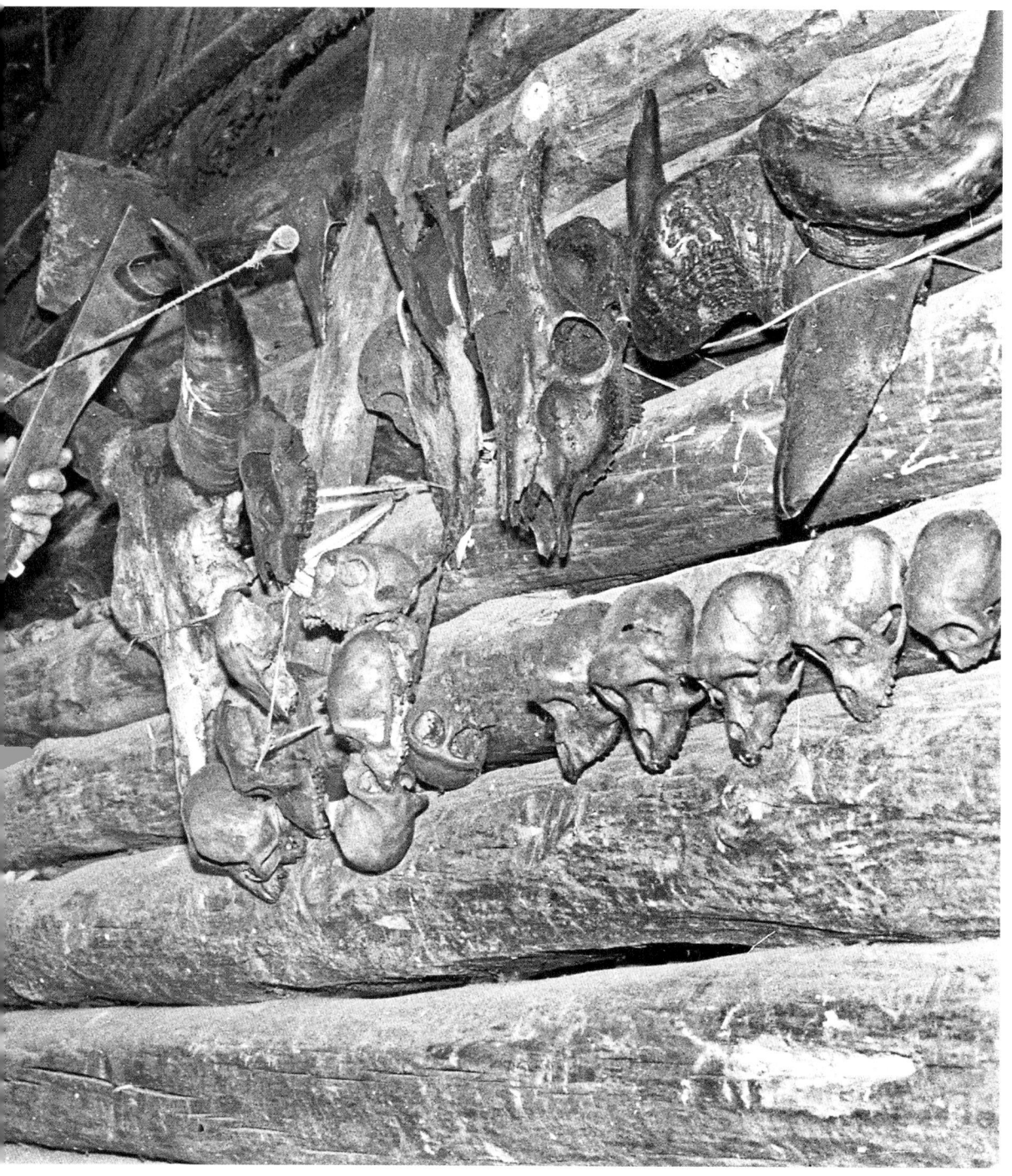

挟鱼——独龙江乡迪政当村（1983年10月）

20世纪八九十年代,狩猎仍然是独龙族肉、油和收入的主要来源之一。独龙族男子人人都是猎人,图为射弩的独龙族男子——独龙江乡孔当村肯底(1983年10月)

独龙人家春苞谷片——独龙江乡孔当村（1991年5月）

独龙族青年在山上找到野生蜜蜂窝，正在烧蜂取蛹——独龙江公社孔当（刘征荣提供，1984年）

独龙族用树叶自制的蓑衣——独龙江公社孔当村（1991年5月）

藤竹林中进行采集的独龙族人，春季以花、茎、叶为主，夏秋以果实和块根一类为多——独龙江乡肯底村（1983年10月）

二、科学种养缓解温饱

科技兴农开先河

为了缓解独龙江地区独龙族的缺粮问题,政府大力推广农业科技。从1952年开始,党和政府派驻民族工作队和外地的农业专家,组织农业合作社,手把手培训独龙族群众修挖水田、沟渠、栽秧,独龙族群众第一次学会了固定耕地、第一次学会开垦和耕种水田、第一次学会饲养耕牛和使用耕牛,铁质农具逐渐取代木、竹生产工具……结束了独龙江地区自古没有水田、没有牛耕的历史。20世纪60年代,独龙江开展"农业学大寨",用柴火和冷水开山炸石,干部群众依靠锄头、砍刀、斧头和双手开渠造田(地),到1971年,全乡开出75条,总长35000米的水渠,造出了1400亩水田和3000多亩旱地[1],还出现了种植蔬菜瓜果的园地,"手挖地"到80年中期已占耕地总数的40%左右。[2] 独龙族的农业发展从刀耕火种逐步向锄耕农业过渡,生产生活方式从原始的以"采集狩猎为主、农耕为辅"逐步向"以农耕为主、采集狩猎为辅"改变。但是,固定耕地面积少,旱地粮食平均单产仅75公斤左右,水田的稻谷单产也仅有150公斤。不少边远村寨仍然大量存在刀耕火种农业,采集、捕鱼、狩猎仍然占据重要地位。

20世纪80年代,独龙江实行"土地归户所有,自主经营,包交提留;牲畜折价归户,私有私养,自主经营,长期不变"的政策,激发了部分独龙族群众的生产热情,有农户从县城背回打谷机,农业机械第一次走进独龙族农户家中。政府开始大力推广现代农业科技,1984年在独龙江首次引进和推广地膜种植、粮食作物新品种,开始推广农药、化肥以及玉米和水稻的条行种植技术等。农业科技人员先做试验示范,取得成功后再推广。

1.
《独龙族人民在前进》,原载《光明日报》1972年10月18日,转引自怒江州委宣传部编《怒江在前进新闻报集(下)》,1974年8月印刷,第201页。

2.
独龙族简史编写组《独龙族简史》,云南人民出版社1986年版,第54页。

普及水田科学种植方法——独龙江公社孔当二社（1984年5月）

孔当二社栽秧的农户（1984年6月）

独龙江区巴坡村水稻丰收,农技人员和独龙族群众都喜出望外(翻拍资料,作者不详,1984年)

1986年,政府开始实施有计划、有组织、大规模的开发式扶贫,政府在独龙江乡无偿发放地膜、化肥、良种、农药等物资,技术人员深入田间地头培训独龙族群众学习现代科技农业的种植技术。1987年,独龙江乡加大了基本农田建设,推广了100亩地膜苞谷,平均单产达到了450公斤,比该乡同期耕地产量提高了约4倍。然而,试验发现,地膜苞谷的科学栽培方法只有在固定耕地上才能有效实施,"火山地"不行,还必须使用良种,只有加强基本农田建设,改坡地为梯地,才能大规模推广。当年还引进了大棚蔬菜种植技术。

独龙族群众用上了打谷机——独龙江公社巴坡村（1983年10月）

在享受到农业科技带来的大幅度增产的好处后,一批会计划、会管理的农户利用科技提高了粮食产量,基本解决了吃粮困难。

然而,独龙江乡地广人稀,群众居住非常分散,路远难走,县里给的良种、化肥、地膜背不回去,粮食生产仍然沿袭着传统的刀耕火种、广种薄收、靠天吃饭的生产方式,产量低,缺粮依然严重。

挖贝母、黄连换东西是独龙族的传统。改革开放后，更多的独龙族人靠挖贝母等药材和找山货卖实现了增收。图为正在独龙江公社供销社卖贝母的独龙族姑娘——独龙江公社巴坡村（1983年10月）

商品落户独龙寨

20世纪80年代，改革开放实施农产品流通制度改革，鼓励农民发展种养殖业和商品经济的春风吹进了独龙村寨。独龙江地区出现了商品经济的萌芽并开始发展养殖业，思想观念、生产生活方式发生了前所未有的巨变。

"宁愿无偿赠与，也不买卖""羞于经商、耻于经商"思想观念根深蒂固的独龙族开始学习经商，逐渐涌现出越来越多的独龙族商人。更多的独龙族人靠挖贝母等药材和山货交易实现增收；妇女织独龙毯、男人用竹篾、藤篾编器具来销售，成为家庭收入来源之一。甚至有人往返于独龙江和缅甸买卖山货、药材、兽皮、民族手工制品和日用百货。独龙江第一次出现了缝纫机，独龙族学习用缝纫机缝补衣物，为后来发展民族服饰产业开了先河。外地商贩来到独龙江，推销日用百货和生活用品，收购山货药材。以物易物的交易方式逐步转变为以货币为主的交易方式。

独龙江公社的供销社正在收购独龙族青年从缅甸买来的山货、兽皮 —— 独龙江公社巴坡村（1981 年 10 月）

第一批学经商的独龙族妇女到缅甸,用商店里卖的日用品换回竹桶、藤篾背箩以及茶砖,在独龙江公社巴坡村路边摆摊销售(1983 年 10 月)

独龙族男子编织篾器销售是收入来源之一——独龙江区巴坡村（刘征荣提供，1984 年）

独龙族妇女织独龙毯也为家庭增收（1986 年）

学着杀猪卖肉的独龙族——独龙江公社巴坡（1983年10月）

养殖发展促增收

清末夏瑚在《怒俅边隘详情》中关于独龙族的养殖业记述:"六畜惟鸡犬豕三项,马牛羊则无之矣。"独龙族历史上很少养大牲畜,牛仅用于祭祀,不会用于农业生产和销售。中华人民共和国成立初期,政府无偿发放耕牛帮助独龙族发展农耕;农户学着养鸡、养猪,但成活率较低,养殖业发展非常缓慢。

20世纪80年代,商品经济萌芽,越来越多的农户养鸡、养猪。有村民开始杀猪卖肉或卖鸡增收。在政府的鼓励和扶持下,有农户养独龙牛和黄山羊,甚至有人从县城背回缝纫机到缅甸换独龙牛,开始一架换一头,后来两架换一头。养独龙牛的农户不断增加,黄山羊是通过政府的扶贫项目引进来给农户饲养的,陆续出现了养牛、养羊专业户。养殖业在独龙江实现了从基本没有到加快发展的巨变。1990年,全乡肉类总产量42.0吨,年人均10.4公斤,牧业收入比重从1985年的16.06%提高到1990年的18.92%[1],一定程度缓解了独龙族群众的肉油问题。

---

[1] 何大明主编:《高山峡谷人地复合系统的演进——独龙族近期社会、经济和环境的综合调查》,云南民族出版社1995年版,第61页。

缝纫机背进了独龙江——独龙江公社迪政当（1983 年 10 月）

独龙牛是独龙江地区特有品种,数百年前是野牛,常活动于海拔2500—3000米的深箐密林中,后经猎人捕获逐步驯化。至今,独龙牛仍然习惯于野外生活,饲养者只需每月喂一次食盐,不必补充饲料。20世纪80年代,在政府的鼓励和扶持下,独龙江乡出现了独龙牛养殖户 —— 独龙江区马库村石灰窑(1984年5月)

三、增产退耕解决吃粮

1998年10月30日至11月6日,时任云南省委书记令狐安徒步进独龙江实地调研后,省委、省政府明确要求,针对处于极端贫困状态的独龙江乡独龙族实施特殊帮扶。1999年9月,独龙江简易公路通车,为独龙江扶贫开发和加快发展提供了有利支撑。

1999年5月,省委独龙江民族工作队第一批27人进驻独龙江,2000年11月又选派了第二批21人,队长由怒江州扶贫办副主任担任,实施为期3年的帮扶工作。工作队结合独龙江的实际制定了具体扶贫目标:农民年人均纯收入700元,人均有粮600斤,人均1亩基本农田地、2亩经济林、3只羊,户均20亩水冬瓜树林,85%的农户越过温饱线,80%以上的农村劳动力掌握2项以上种养业单项技术。2001年,省委、省政府把独龙江乡列为省级重点民族特困乡,投入扶贫资金400万元,进行综合扶贫攻坚,温饱工程是其中的重要内容。

在大规模推广科学种植高产地膜苞谷的同时,成功地把地膜种植技术运用到水稻栽培中,政府无偿发放地膜、化肥、良种、农药等物资,科技种粮加速推广,大幅提高了粮食自给率。

2003年6月,独龙江乡副乡长和文介绍:1998年以来,国家对独龙江的投入很大,独龙江乡大搞农田水利建设,农业科技得到快速普及,连续三年粮食产量创新高。2001年末,全乡816户3864人(其中农业人口3793人),人均有粮326公斤,农民年人均纯收入已达到684元,比1998年增长近两倍,越过了绝对贫困线(2001年云南省绝对贫困线为农民年人均纯收入630元)。

1998年10月30日至11月6日,时任云南省委书记令狐安(前左二)率领省民委、省扶贫办和怒江州委、州政府领导徒步往返8天深入独龙江调研,与乡村干部座谈,徒步到马库、巴坡、孔目(后来改为孔当村)3个行政村走访独龙族群众,在马库村看望了马库警民小学全体师生和马库执勤点全体官兵。在乡政府会议室,他针对独龙江地区未来发展明确提出:决不让任何一个兄弟民族掉队。要继续发扬不屈不挠、自强不息的精神,千方百计保护好森林和生态;远抓林果,近抓畜牧,走"以草养畜,以畜换粮,以畜换钱"的路子,千万不能再走"以火烧山,刀耕火种、广种薄收"的路子(贡山县宣传部提供)

省委扶贫工作队指导高产玉米种植——独龙江乡孔当村二组（2001年9月）

苞谷丰收——独龙江乡迪政当（2003年10月）

春耕时的独龙江乡孔当村二组（2003年5月）

金色秋天迎来稻谷丰收——独龙江乡孔当村二组（2003年10月）

退耕还林供应粮基本解决了独龙族群众的吃饭问题——独龙江乡孔当村王美组（2003年10月）

2000年，全国实施退耕还林和"天保工程"，独龙江地区大部分被纳入高黎贡山国家级自然保护区，全乡刀耕火种的陡坡地实行退耕还林。

2002年11月开始，独龙江乡实施退耕还林政策。2003年实际完成退耕还林面积5370.8亩，涉及农户826户3926人。

独龙江乡采取了按照退耕还林总面积和总人口平均分配补助粮食和资金的方式，补助粮除了留给在校学生、培训会议补助粮等机动部分，当年每人兑粮210斤和人均补助100元左右，基本补足了村民的粮食缺口。

退耕还林供应粮——独龙江乡孔当村(2003年11月)

在农技人员的帮助下,独龙族群众学会圈养黄山羊,提高了养殖的收入和利润——独龙江乡孔当村莫切旺组(2003年10月)

通车加快产业发展促增收

独龙江简易公路通车后,各类物资运输更加方便,旅游业出现萌芽,养殖业和商品交易加快发展。政府在确保粮食生产的同时,鼓励农户发展大棚蔬菜种植、草果种植、独龙牛和黄山羊养殖等特色增收产业,更多的农户参与进来。各村出现农户开办的小商店,偶尔有国内外游客进入独龙江,独龙族群众开始学着为旅游者提供食宿、背东西、当导游等服务,成为新的增收渠道。

独龙江简易公路通车后,独龙江山村里出现了小商店——独龙江乡献九当白丽(2003年11月)

独龙族文面女春苞谷片招待游客——独龙江乡献九当村齐当组（2003年10月）

独龙江简易公路通车后，独龙江乡逐渐迎来国内外旅游者，为旅游者提供食宿、背东西和当向导，成为独龙族新的收入来源——独龙江乡龙元村（2006年10月）

独龙族文面女们同外国游客合影——独龙江乡龙元村（2003年11月）

四、多元产业加快脱贫

要想彻底拔掉"穷根",独龙江乡必须要发展适合本村的特色优势产业。在生态保护和自然环境的双重制约下,独龙江产业发展难度很大:一是难成规模;二是运距远、成本高、流通极慢;三是独龙族群众参与产业发展的经验和能力较弱。因此,2010—2014年,"独龙江乡整乡推进整族帮扶"中,把建设基本农田水利工程、发展优势特色生态产业、动员组织扶持群众参与多元产业发展作为重点。各级职能部门根据产业发展和用工需求举办了各类技术培训,鼓励和支持独龙族群众发展特色种养殖业、非农产业和外出务工。

经过4年的探索和发展,独龙江乡农业生产条件明显改善,建成基本农田3000亩、农田水利21件、农村饮水安全工程93千米;特色生态种养殖业初具规模,种植草果5万多亩、花椒8700多亩、核桃5000多亩、重楼1800多亩,招养独龙蜂3000多箱、投放独龙牛800多头,建成独龙鸡保护和扩繁基地1个。随着交通路况的改善,乡村农文旅融合发展开始起步,商品贸易快速拓展。同时,乡内的基础建设为独龙族群众季节性就近就地解决非农就业提供了机会,从事运输物流和泥瓦工、木工等技能性非农就业的独龙族群众不断增加。截至2014年,全乡农村经济收入1245万元,比2009年增长128%,农村居民人均可支配收入2525元,比2009年增长164%,有30%的独龙族群众从事贸易、运输、建筑等非农行业。部分独龙族群众逐渐从"不会发展""不懂技术"变成了产业发展的"土专家"、致富带头人,独龙族走上了脱贫发展的快车道。

各级政府相关部门结合产业开发和用工需求,请州内外的专家、本地致富带头人开展培训,采用集中培训和手把手现场教授相结合的方式,2014年末累计完成农村实用技术培训6857人次、本土旅游人才培训48人次——独龙江乡孔当村(2013年7月)

1988年，巴坡村木拉当独龙族群众率先小规模开展草果种植。2009年，政府大力推动草果产业作为新的支柱产业，政府免费发苗，鼓励独龙江群众种植草果，技术人员进村加大培训，部分农户开始种草果。独龙江的草果5年挂果、6年丰产，每年要有4次管护。2009年独龙江乡累计完成草果种植2.4万亩；2012年，全乡草果种植面积累计达3.5万亩，产量达37.5吨，产值约30万元；2014年草果种植面积达到5万亩。独龙江群众有了草果收入，提高了种植草果的积极性。图为独龙江乡巴坡村木栏当的独龙族群众在管护草果地（2013年7月）

黄山羊养殖规模不断扩大,也成为重要特色产业——高黎贡山(2013年5月)

政府大力发展独龙牛养殖,高黎贡山上可看到成群的独龙牛(2009年5月)

独龙江乡户户养猪,养猪规模不断扩大——独龙江乡孔当村(2012年6月)

独龙族群众利用老房放养独龙鸡——独龙江乡孔当村肖王当（2013年7月）

独龙族青年打工学规模养鸡——独龙江乡孔当村丙当（2011年11月）

独龙姑娘当起小老板——独龙江乡迪政当村雄当（2013年7月）

中缅边境往返的马帮经常到马库村钦郎当买卖各类物资,看到商机的山外人到独龙江乡马库村钦郎办起了这个商店,被人称成为"马帮驮来的商店"(2011年11月)

在独龙江乡马库村钦郎当经常遇到购物的缅甸边民(2011年11月)

独龙江乡马库村钦郎当民族特色村(潘文海摄,2019年4月)

文面女成为独龙江旅游中一道亮丽的风景 —— 独龙江乡迪政当村雄当（2011 年 11 月）

2003年6月，我到孔当村普卡旺调查，在村口见到一位衣服破旧，带着孩子的妇女，她叫普桂英，示意（语言不通）让我们到她家喝水。进屋后，普桂英十分热情，在破旧的房子里给我们杵了一锅杵酒，接着又把火塘木架上挂着的鱼拿下来，煎了煮好让我们吃，说是她男人从普卡旺河中夹的（2003年6月）

旅游业拓宽了贫困户普桂英家脱贫奔小康之路

普桂英家是普卡旺村的贫困户。2013年以前，夫妻俩和3个幼小的孩子住在茅草房里，生活主要依靠种苞谷、采集、打鱼和外出打零工，生活极为困难。2013年2月，普卡旺民族文化旅游特色村建成，是独龙江乡首个投入使用的民族文化旅游特色村。政府给每个农户建了两栋砖木结构的房子，用于居住和做民宿接待游客。普桂英家通过培训开始学着经营民宿。2015年，村里农户的民宿统一租给贡山县普卡旺秘境酒店经营，酒店每年给每户付租金5000元，当地村民可以到酒店打工获得劳务收入。民宿和务工成为村里群众稳定增收的重要来源。

2013年7月,我又来到普卡旺,政府给普桂英家盖了两栋新房。村民们正在帮她家加盖茅草,她正在厨房招待客人,她家已经搞起了旅游接待,从贫困走向了脱贫致富。"饮水思源感党恩 坚定不移跟党走"的红色标语很显眼,也正是和普桂英一样的独龙族群众内心最真实的想法——独龙江乡孔当村普卡旺

普桂英家的旅游接待标间——独龙江乡孔当村普卡旺(金吉明摄,2013年7月)

五、生态经济筑牢小康

2015年,全国打响了脱贫攻坚战,独龙江乡启动了"率先脱贫全面小康"提升行动。"绿水青山就是金山银山"的理念,为独龙江乡独龙族开启了新时代绿色发展之路。"生态文明 + 精准扶贫"成为独龙江独龙族的发展底盘,"绿色富民产业"成为独龙江独龙族的发展底色,科技创新和教育助力绿色发展,以草果、重楼、花椒、独龙牛、独龙鸡、独龙蜂等为主的特色绿色产业和生态文化旅游业加快发展,生态公益岗位就业帮助独龙族群众实现了生态保护和稳定增收共赢,利用电商平台以及微信、抖音等现代营销渠道销售农特产品和发展旅游的独龙族群众不断涌现。

2018年,独龙江乡农民人居纯收入达6112元,实现了整乡脱贫摘帽。独龙族在全国率先实现整族脱贫。

2020年,农民人均纯收入达1.17万元,独龙族与全国其他民族同步全面建成小康社会。

2021年,独龙江地区森林覆盖率达93.10%,比2010年提高1.6个百分点,获批AAAA旅游景区;全乡立足资源禀赋、产业基础,打造了"百里绿色经济带"。

"老县长"高德荣激动地说:"1999年贡山县城到独龙江的简易公路修通,把独龙族群众从人背马驮中解放出来;2014年独龙江公路高黎贡山隧道通车,群众从每年的大雪封山中解放出来;今天,党和政府把我们从贫困中解放出来!"

独龙族摘掉了祖祖辈辈的"穷帽子",走出了一条独具特色的生态脱贫之路。这也是一条绿水青山、蓝天白云、农文旅融合的可持续发展之路,开启了农业农村现代化建设的新征程。

"红果果"变成"金果果"

独龙江两岸,连片的草果青翠叠绿,红彤彤的草果扮靓了群山,映红了独龙族人民的幸福生活。10多年来,党员干部带头、技术人员送技术到田间地头,以点带面、逐年推广草果种植,独龙族群众从"发苗也不愿种草果"转变为"出钱买苗扩大草果种植",从不识草果变成种植草果的专家,孔当、巴坡、马库、献九当、龙元等村委会逐步实现草果种植全覆盖,就连海拔气候不适宜种草果的迪政当,也有农户到其他村,找亲戚、朋友合种草果。草果面积逐年扩大,收益也一年比一年多,独龙族的日子越过越红火,火红的草果成了独龙族群众增收致富的"金果果"。2021年底,独龙江乡草果种植面积7万多亩。

农户在管护草果地——独龙江乡马库村（2019年5月）

如今，每到草果收获的季节，独龙江峡谷一片欢声笑语。江畔、路边、田野，处处是堆积的草果，处处是满载草果疾驰的货车，处处有幸福的笑容，独龙族群众的生活越过越红火（杨时平摄，2021年10月）

2014年,独龙江草果烘干厂建成后,不仅提高了草果的收入,还为当地独龙族群众提供就业。独龙江献九当迪兰独龙族青年李伟在草果加工厂打工,包吃住月工资4500元——独龙江乡孔当村(2018年12月)

以"公司+农户"的模式稳定发展独龙牛养殖——独龙江乡巴坡村（2019年5月）

特色生态产业稳增收

除了支柱产业草果，县乡政府还发苗鼓励独龙族群众种植重楼、羊肚菌、黄精、灵芝等林下经济，扩大独龙牛、独龙鸡、独龙蜂养殖规模，引进中华蜂，扶持乡村旅游，在独龙江逐步形成了"林+畜禽""林+蜂""林+菌""林+游"等复合经营模式。2021年，独龙江乡种植羊肚菌963多亩、黄精1108.5亩、重楼738.6亩、灵芝70亩，养殖独龙蜂11250箱、独龙鸡15485羽、独龙牛1098头，发展独龙族农家乐和特色客栈10户。

贡山县引进怒江蜂之联生物科技有限公司，在全县按照"公司+供销社+农户"的模式发展养蜂产业，全县示范养蜂1000多群——独龙江乡孔当二组（2019年10月）

重楼是云南白药的重要原料，2018年每公斤干重楼的收购价是1200元。调查中，村干部和驻村工作人员介绍说："种重楼收益高，一亩纯收入可达3万多元。但是，重楼生长周期长，一般要7—10年才能收，管护的技术要求较高。政府发苗给独龙族群众种，能有收益的不多。独龙族群众更多的是到原始森林中挖当地野生重楼苗种。"图中的大理州南涧县彝族罗青春同独龙族姑娘结婚后回到独龙江种重楼等药材270多亩，带动300多农户增收——独龙江乡孔当村（2019年10月）

39岁的独龙族青年和晓永（右一），是龙元村致富能手，独龙江能挣钱的活计，几乎全都在干。他曾经跑过马帮，1999年独龙江乡简易公路修通后，卖掉了马，攒了几年钱，2007年买了村里第一台拖拉机。随着生意日渐红火，他把拖拉机换成了小型卡车，后来又买了面包车送客。他的媳妇开了小卖部和农家乐。现在，他家还种了60亩草果，养了5头独龙牛、5头猪和50只独龙鸡，投放了20个招引蜜蜂的蜂桶，并在村里率先种羊肚菌。对于未来，他还有很多想法，包括改造升级农家乐、办好养殖专业合作社、供两个孩子好好读书等。他满怀信心："以后的日子一定会更好！"图为和晓永正在收羊肚菌（2019年4月）

羊肚菌试种成功，给独龙族群众带来了信心，他们的种植积极性高涨，图为龙元村群众喜收羊肚菌（潘锦秀摄，2019年11月）

护林员巡山 —— 独龙江乡迪政当村雄当组（2020 年 12 月）

生态公益岗位促增收

为了更好地保护生态，2016年5月，独龙江乡制定颁布了《独龙江保护管理条例》，全乡25°以上的坡地全部退耕还林，开展"以电代柴"和"柴改电"项目。对安置点独龙族群众免费发放11件套电器。乡成立森林资源管护中队、6个村委成立森林资源管护小队、村民小组成立管护小组，对森林实行网格化管理，实现专人专岗专项负责强边固防和高黎贡山生物生态安全风险防范与保护工作。建立公益性岗位聘用制度，2021年聘用了生态护林员、河道管理员、地质灾害监测员、巡边护边员、护路员、辅警、土地专管员、防疫员等836人，年度人均增收8000至10000元。

2019年9月18日,独龙江乡天保所迪布里管护站挂牌成立,进一步规范了护林员的管理和森林的管护(贡山县委宣传部提供)

2004年,村里来了一位大学老师,想请向导带路徒步进藏,陈永群是当时村里唯一翻山去过西藏的人,便成为了向导。2011年,他当起了探险导游,带着驴友跑西藏、缅甸,多年来带过美国、法国、俄罗斯等10多个国家的游客。随着独龙江交通的改善,徒步探险的游客越来越多,2015年,他盖了一座客栈,许多自驾、徒步游客会到他这住上几天。2018年5月,他还参拍了一部荒野求生纪录片。现在,为满足游客的不同需求,他还自己动手提升改造客栈,做了帐篷住宿。图为陈永群(右一)带领驴友徒步探险(2019年10月)

文旅融合发展拓宽致富路

2014年以来,随着独龙江乡内外交通的全线贯通,独龙江的生态观光、民族文化体验、生物多样性研学和养心静心"四位一体"旅游融合发展逐步形成。大批独龙族群众参与到旅游服务行业中,更多的独龙族群众依托旅游业发展民宿、农家乐、超市等实现增收。

"互联网+"电商扶贫让独龙江特色产品和旅游走向全国（张彤摄，2015年12月）

超市购物成为独龙族群众日常生活方式——独龙江乡马库村（2019年10月）

交通改善后，独龙江生产生活物资日益丰富，吸引了更多的缅甸边民到独龙江购物（2019年10月）

第六章 幸福生活比蜜甜

安居温饱是生存基础,而教育、医疗、科技、文化和社会保障等社会事业则是一个国家和民族发展的希望和支撑。1950年以前,处于原始社会末期的独龙族,教育、医疗、科技、文化和社会保障等社会事业都是空白。中华人民共和国成立后,各级政府从内地派来教师、医务人员、各类技术人员,以在独龙江地区办学校、卫生所、传授技术等为开端,大力发展各项社会事业,逐渐从无到有,从小到大。

一、孩子有学上

少年智则国智,少年强则国强。一个民族的文明进步和兴旺,关键在教育。"老县长"高德荣曾说过一段发人深省的话:"独龙族是个'直过民族',但是教育不能'直过'。实现独龙族的梦,根本是教育。"

1949年贡山县解放后,政府开始发展教育事业,县成立完小,区成立小学。1952年贡山县第四区(今独龙江乡)在巴坡筹备创办小学,1953年巴坡小学搬迁到了条件更好的孔目村(今孔当村),更名为孔目小学(今孔当小学)。当年孔目小学开学招生,让独龙族子女免费上学,教师由区干事和桂香担任,实现了独龙族学校教育零的突破,第一次点燃了独龙江地区教育的星星之火。

独龙江第一所小学——孔目小学,尽管学校条件差,仅有 3 间茅草屋、10 多名在校生和 1 名外来教师,但也是独龙族人打开通往山外文明的一道光(杨光海,1956 年)

下页:背着弟弟上课的山村小学生——贡山县普拉底咪谷(1981 年)

后来，上级政府派唐嘉伦等几位老师到独龙江地区发展教育。1956年，唐嘉伦老师等在乡政府所在地巴坡筹建创办了独龙江第一所完小——独龙江中心完小，又名巴坡完小。丰耀昌、李经义等老师先后在献九当村和龙元村创办了献九当小学和龙元小学。1965年，解放军部队在马库村创办了马库军民小学，1980年移交给边防武警部队，改为马库警民小学，部队干部和战士担任教师。

但是，独龙族居住分散，交通极为不便，语言学习难，适龄儿童入学率、巩固率很低，普及小学教育难度较大。

1995年的独龙江孔目小学,学生和教师数量都有很大发展(刘征荣提供,1995年)

背着孩子上课的山村教师——独龙江乡（刘征荣提供，1980年）

独龙江乡的山村小学生（刘征荣提供，1980年）

马库军民小学课间活动(刘征荣提供,1965年)

介绍独龙江马库军民小学办学情况(刘征荣提供,1977年)

在马库警民小学任教的安徽籍干部杨华辅导独龙族学生学习——独龙江乡马库村（2003年6月）

此后,为了加快普及独龙江地区的学校教育,不断增加独龙族村寨的小学教学点,采取了免费教育、全寄宿制、在县中学设立民族班、直接保送、中高考加分等特殊政策,有效提高了独龙族适龄儿童的入学率和巩固率。截至 1999 年末,独龙江乡有乡村小学 17 所(其中完小 1 所),教职工 51 人,在校学生 698 人,适龄儿童入学率为 85.4%,巩固率为 89.7%。在全乡 4100 人中,已有大学生 7 人,高中、中专毕业生 73 人,初中毕业生 230 人。

然而,独龙江乡教学点多且分散,管理难度较大,学校条件艰苦,教师短缺,教育发展缓慢,质量难以提高。

独龙族女教师批改作业——独龙江乡巴坡村完小(1983 年 10 月)

独龙江巴坡完小的学生在上课(1983年10月)

为山村教育奉献一生的独龙族教师木正华

独龙族教师木正华,先后在独龙江乡和丙中洛乡的小学任教,有30年的教学经历。1973年7月,木正华毕业于丽江师范。他积极响应党的号召,主动提出"到最艰苦的地方去"的申请。他被派到了环境最为恶劣的独龙江乡任教,一干就是10年。在学校,木正华既是校长、总务、保安,又是一名全科老师,负责语文、数学、美术、音乐、体育等课程教学,还需要接送上学的孩子过溜索。1982年,组织安排木正华到丙中洛乡小学任教。木正华回忆说,在独龙江乡小学任教是他一生最大的骄傲与自豪。他的独龙族学生杨加利,是个十分聪明能干的男孩,后来考上了北京一所大学的林业系。据小茶腊村的会计说,那个年代在独龙江乡从事教育,有比木正华更早的,但没有比他贡献更大的。可以说几乎每一个识文解字的独龙人都曾受过木正华的教诲。

接学生过藤桥的独龙族教师木正华——独龙江乡巴坡村木栏当(1983年10月)

2003年，独龙江中心完小随乡政府从巴坡村搬迁到孔当村，更名孔目中心完小，后来独龙江乡的九年一贯制学校就是在此基础上创办的，教室是木结构的石棉瓦房。截至2003年年底，独龙江乡共有中心完小1所，村小学6所，教学点9个，在校学生726人，适龄儿童入学率达到97.1%。

2006年，独龙江九年一贯制学校落成，独龙江地区第一次有了中学。后来因集中办学需要，独龙江九年一贯制学校的初中部全部撤并到贡山一中，学校改为独龙江中心完小。全乡一师一校教学点几乎全部撤销。

独龙江乡的学校不断建设，一代又一代老师来到这里，扎根大山深处，为独龙族孩子们指引前进的路。但是，对于边远贫困的独龙族家庭来说，一家人种地勉强吃饱，根本没有余钱供孩子读书。加上山高路远，独龙族孩子们很多都只能读到小学毕业就辍学在家务农或外出打工。

孔目中心完小毕业班学生在新教室里畅谈理想（2003年6月）

向红小学和山村小学教师李新和

向红组南代是十分偏远的村落,从迪政当村委会到向红组南代要走两天,而且居住分散。为了方便群众,2001年政府建设了扶贫安居村"班",并投资40多万元新建了一所小学——向红小学,以方便南代的群众搬迁到这里后满足孩子们就近入学。2003年10月,我同武装干事斯小东到安置点"班"调研时,已有13户搬入,这些搬迁户主要是有孩子要读书。那时,向红小学有12个小学生和6个幼儿大班生,只有一名教师。教师叫李新和,22岁,贡山县茨开镇人,怒江师范学校毕业,已任教3年。李新和除了要带好这些孩子,还要承担每天晚上为群众放录像的任务。他的月工资虽然只有960元,但还主动拿一些钱出来给困难群众和学生买东西。李新和一心扑在教育上,2002年全县统考,这所学校一学生成绩名列第二。2006年10月我再到班调研时,学校因集中办学撤了,李新和也调到了茨开镇。

山村小学教师李新和在上课——独龙江乡迪政当村向红小学(2003年11月)

独龙江乡迪政当村向红小学师生合影（2003 年 11 月）

党的十八大以来，实施精准扶贫方略，发展教育事业成为阻断贫困代际传递的治本之策，"决不让一个少数民族、一个地区掉队，推进民族教育全面发展"成为各级党委政府的共识。

2013年9月，根据独龙族群众实际需求，独龙江乡九年一贯制学校恢复初中招生。

2014年，乡九年一贯制学校新建了具有独龙族文化特色的综合楼、教师流转房等教育教学基础设施，还新建了马库国门小学和1所幼儿园。

2018年，为了落实就近入学政策，独龙江乡迪政当、巴坡、龙元等三个村级小学恢复办学，方便了低年龄学生就近安全入学。

2019年，独龙江乡在全省乡镇中率先开通5G信号，独龙族学生利用5G网络开展远程教育；同年，独龙江乡建设完成献九当幼儿教学点，全乡实现一村一幼。

独龙江乡还实施了2年学前教育、9年义务教育、3年高中阶段教育14年免费教育。建档立卡贫困家庭的孩子，全部享受生活补助和营养改善计划，义务教育阶段实行"两免一补"（免学杂费、书本费、补助寄宿生活费）政策，高中教育阶段享受免学费、优先享受国家助学金等政策，被全日制普通高校录取还可享受教育补助和申请办理国家生源地信用助学贷款。同时，实施"雨露计划"等社会助学项目，实现建档立卡贫困学生全覆盖。从学前到大学教育的救助政策不断完善，贫困家庭的孩子再也不用担心上不起学了。

独龙江九年一贯制学校学生领取生活用品（2012年6月）

如今，在奔腾的独龙江畔，乡九年一贯制学校已成为孔当街上当地的标志性建筑，每一幢教学楼都按照独龙族文化进行过精心的装饰和彩绘。学生食堂、宿舍楼、阅览室、电教室等功能用房在乡九年一贯制学校、龙元小学、巴坡小学、马库小学和迪政当小学都一应俱全，全乡义务教育基本实现均衡。教育扶贫改变了独龙江的面貌，也吸引了不少学有所成的独龙族青年回乡教书。同时，贡山县引进了一批优秀的教师进入独龙江。截至2021年，全乡6个教学点，教职员工108人，在校学生总人数为860人，适龄儿童全部就学得到保障，适龄儿童入学率、巩固率和升学率连续10年保持100%、义务教育阶段辍学率为0，在外就读中职生48人、大专生26人、本科生29人。

2006年建成的独龙江九年一贯制学校。随着集中办学的全面推进,独龙江初中部撤并到贡山一中,独龙江九年一贯制学校改为独龙江中心完小。图为独龙江中心完小(2011年11月)

2013年9月,独龙江又恢复初中招生。重新改造后具有独龙族特色的贡山县独龙江乡九年一贯制学校,办学条件和质量有较大提高,孩子们有了更加美丽的校舍和宽敞的校园(2018年12月)

独龙江乡巴坡村初小班学生在上课（2019年10月）

独龙江九年一贯制学校推行电化教学（贡山宣传部提供，2010年11月）

独龙江乡九年一贯制学校学生在上视频课（2022年4月）

独龙江小朋友通过5G网络感受远程教学（潘文海摄，2019年11月）

2017年开始推行"一村一幼"政策,独龙江乡的学前教育得到了较大发展。图为独龙江乡幼儿园——独龙江乡孔当村(2019年10月)

迪政当幼儿园在上课(2019年5月)

在迪政当村向红小学的土篮球场上,孩子们光着脚在争先恐后地投篮(2003年11月)

如今，在独龙江乡各村都修建了塑胶室内篮球场，还成立了篮球队。图为独龙江乡孔当村篮球场（2019年10月）

独龙江乡开展的"山水教育"之传承文化教育活动（贡山县委宣传部提供，2016年11月）

十多年来，独龙江乡还加快普及普通话，利用现代信息技术，结合常规集中培训，帮助独龙族群众学会使用普通话。

70多年来的教育普及，独龙族群众对知识、文化、技术的渴求越来越强烈。读书才有出路、才有大发展，已成为大部分独龙族人的共识。

独龙江乡全面推广普通话，提高独龙族学习和对外交流的能力（2019年6月）

二、有病能就医

历史上,独龙江地区一直是疟疾、麻疹、痢疾等传染病流行的地区。解放前,因无医无药,群众生病,只能杀牲祭鬼,或是坐以待毙。中华人民国和国成立初期,独龙江还没有医疗卫生机构,缺医少药非常突出,杀牲祭鬼以消除病痛的迷信活动仍旧盛行。政府选派医务人员,进村入户给独龙族群众看病,同时驻独龙江的解放军部队医生免费给群众治病,送医送药上门。

独龙江区委会卫生所是1956年成立的,仅有5个人。因独龙江地区范围广,交通艰难,卫生所在龙元、献九当、孔当等地设置了医疗点,每个医疗点有一名医生长期驻点,条件艰苦,粮食和药品由卫生所按月配送。同时,部队卫生人员也免费为独龙族群众送医送药,一定程度缓解了独龙江地区缺医少药的状况。但因医疗条件和水平有限,卫生所不能做手术。有病难就医仍然是20世纪五六十年代独龙江地区的一大难题。

1965年三四月间,独龙江发生了一件大事:

解放军驻独龙江边防部队有个20多岁叫张普的普通战士,突然得了重病,部队卫生所和区卫生所联合抢救了几天都不见好转。当时正逢大雪封山,急需的抢救药品奇缺,病人整天整夜昏迷不醒,病情日趋恶化。部队领导不得已通过电报逐级上报,请求救援。令人万万想不到的是,这件事竟引起了党中央的重视,中央军委和国务院指示,由保山机场派飞机到独龙江投送急救药物,同时从丽江军分区派遣由有经验的主任医师、检验师、护士组成的8名医护人员,昼夜兼程赶往贡山,破雪进独龙江抢救病人。飞机在郎王夺箐沟附近投下了许多急救药品,随后急救队也赶到了独龙江。急救队第一时间听取了病情汇报和了解诊治护理经过,确定了治疗方案。病人在抢救完20余天后,离开了人世。[1]

[1]. 洪禹疏:《中央派专机投药抢救独龙江边防战士张普》,载政协怒江州委员会文史资料委员会编《独龙族》,德宏出版社1999年版,第327—328页。

张普的人生才刚刚开始,来不及书写自己的青春,甚至还来不及好好谈一场恋爱,就永远长眠于独龙江。他的故事,是当年独龙江医疗条件极端落后的缩影。

1965年,医学院校毕业的李如良医生分配到了独龙江区委会卫生所工作,在缺乏医疗器械的情况下,与部队邓昌国医生一起做了独龙江地区有史以来的第一例阑尾切除手术,结束了独龙江卫生所不能做手术的历史。此后,一些普通的外科手术陆续在卫生所开展起来,一般手术再不需要翻雪山到县城进行。1972年,上级政府拨专款给独龙江卫生所,建立了门诊部和手术室,装备了一批必需的医疗器械,卫生所大有改观。

部队医务人员进村入户免费为群众看病——独龙江乡（贡山县委宣传部提供，1965年）

外来医生巡诊独龙寨——贡山县独龙江乡孔当村王美（1984年5月）

为了解决药品严重不足的问题,独龙江卫生所十分重视中医和中西医结合治疗,独龙江得天独厚的植物资源为开展中草药医疗工作提供了重要条件。1975年,县医院刘云医生培训了独龙江13位中草药乡村医生,并在独龙江采集了100多种400多公斤中草药标本,关木通、穿山龙、天麻等草药在独龙江首次被发现,为开展独龙江中草药工作和开发利用独龙江中草药资源打下了基础,极大地缓解了独龙江缺医少药的大问题。

独龙族青年学习识别中草药——贡山县独龙江乡巴坡村(刘征荣提供,1972年3月)

1988年,独龙江区改为独龙江乡,卫生所改为卫生院。1991年,独龙江乡卫生院有15张床位,6个行政村都建立了村卫生室。不算部队的医疗点,全乡有中医师1人、西医师3人、中药师1人、西药师1人,其他医务人员、护士等8人。每年有州医疗队来巡诊,一些常见病、多发病的简易手术,乡卫生院都能胜任。2003年,在省红十字会的扶持下,独龙江乡卫生院的设备得到更新。

独龙江乡卫生院设备进一步完善,药品不断丰富,医生为当地群众诊疗的水平进一步提升(2003年6月)

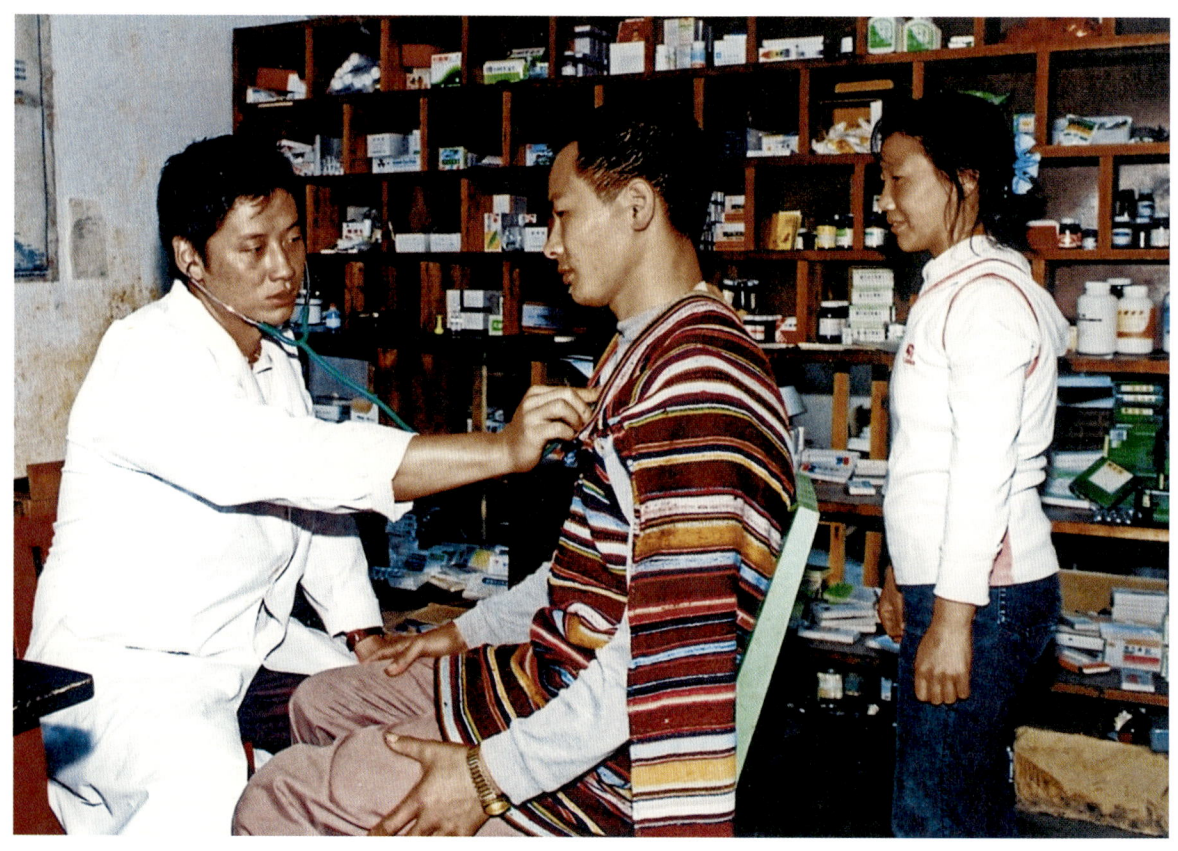

2010年以来，随着乡卫生院和村卫生室标准化建设的完成，独龙江乡的医疗卫生条件和诊疗水平不断提高。截至2020年，独龙江乡中心卫生院有门诊、医技楼、医生流转房等4幢，病床15张，在职在编职工19人，每千人口床位数3.40张，不但设有放射科、外科、妇产科、检验科、中医馆等科室，B超机、DR、全自动生化分析仪、半自动尿液分析仪和血液分析仪、心电图仪等必备仪器也一应俱全，做一些简单的手术早已不在话下。6个村卫生室全部达到了标准化要求，聘用乡村医生9名。独龙族群众一些小病和常见病就近及时就医基本得到了保障。

为了解决贫困家庭无钱看病的难题，怒江州实施了"先诊疗，后付费"和"一站式一单式结算"服务；财政对贫困人口参加城乡居民医疗保险和大病保险个人缴费部分给予全额资助。独龙族群众实现基本医疗保险和大病保险100%参保；针对大病、慢性病人还实行了家庭医生100%签约服务，独龙族贫困群众看病住院自付部分较高的还可以申请医疗救助，再也不用担心看不起病了。

2014年，新改造的具有独龙族特色的独龙江乡卫生院，设备条件更完善，服务水平和质量也更高（2019年5月）

驻独龙江乡卫生院医生上门为文面女诊治（潘文海摄，2017年9月）

然而，比较严重一些的病还是需要到贡山县医院甚至是怒江州级医院才能诊治。脱贫攻坚期间，怒江州的州县级医院的医疗设备不断完善，还联系了云南省省级、珠海市、上海市等地的三甲医院对口帮扶怒江州及各个县级医院，州和县设立三甲医院的分院，形成医联体，开通绿色就医通道。"互联网＋医疗健康"工程的推进，基本实现了州、县两级综合医院与省内外多家三甲医院对接开展远程会诊服务。2019年，独龙江乡在全省乡镇中率先开通5G信号，网上问诊成为现实，一些独龙族急症病人不用出山也可连线专家进行有效治疗。

怒江州把每月19日定为"健康宣传日"，州、县医院组建巡回医疗队，深入独龙村寨开展巡回义诊、健康知识咨询服务、健康知识及扶贫政策专题讲座、医疗诊疗上门服务、环境整治专项行动等活动，提高了独龙族群众对健康扶贫政策知晓率，重点疾病、地方病得到有效预防和控制。

如今，交通条件极大改善，网络通信技术广泛应用，医疗保障兜底，独龙族享受到更好更高效的医疗服务，困扰了独龙族千年的看病难看病贵的问题终于基本得到解决。

怒江州医院珠海对口帮扶主任医生为独龙江独龙族教师迪跃祥成功做了心脏支架手术，图为帮扶医生到病房看望迪跃祥（2018年6月）

贡山县医院的医疗条件更加完善，医生的医疗水平快速提升，改善了独龙族看病治疗的条件。图为独龙族群众正在县医院的检查室做检查（贡山县委宣传部提供，2019年9月）

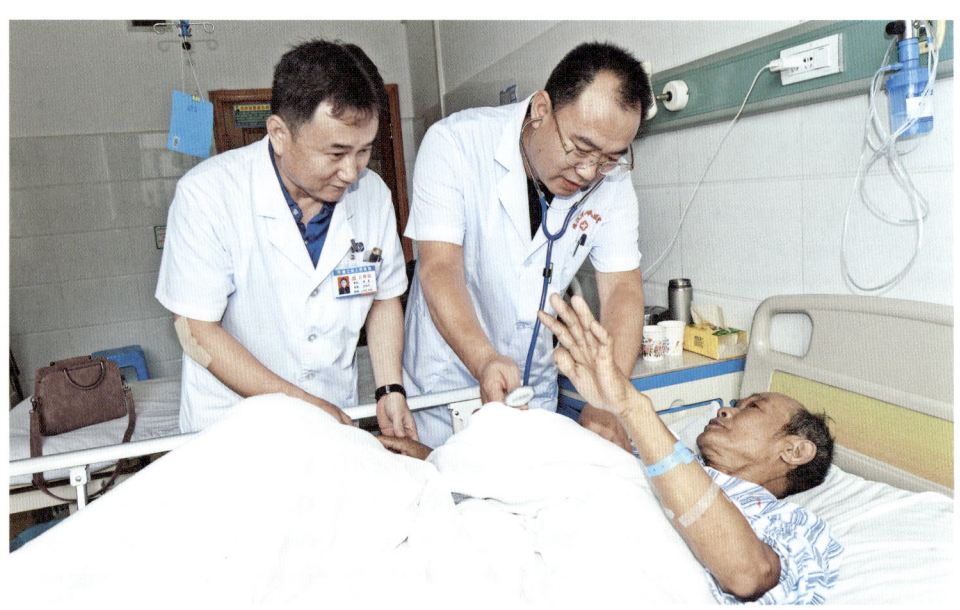

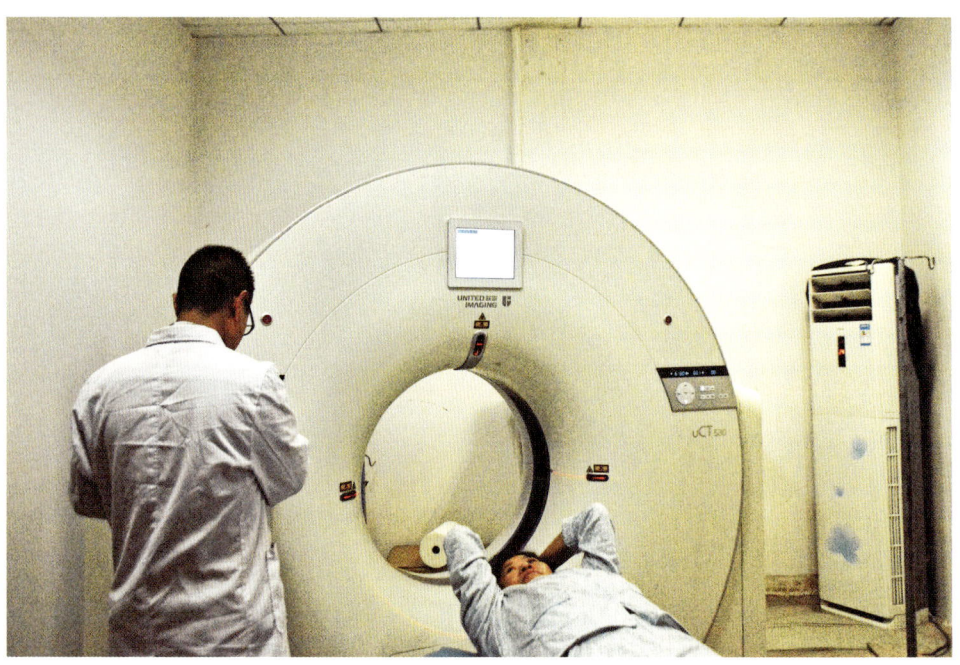

2011年11月，贡山县民政部门工作人员到村发放村民的最低生活补助费，独龙族群众有序领取。

三、生活有保障

幼有所育、老有所养、弱有所扶，实现所有人基本生活有保障，是与独龙族群众最密切相关的事。曾经独龙族群众的生活保障只能靠自己和亲朋好友，遇到天灾人祸、急事难事时求温饱都非常艰难。2010年以来，独龙江乡的社会保障体系不断完善，实现了农村最低生活保障、特困户兜底保障、孤儿兜底保障等社会救助政策全覆盖，持证残疾人全部按规定享受"两项补贴"，为独龙族群众筑牢了"兜底安全网"。

独龙江乡独龙族群众领取社会保障卡现场（怒江州委宣传部提供，2015年9月）

独龙江乡机关党员为敬老院的老人们理发是常事（潘锦秀摄，2021年2月）

独龙江乡机关党员和敬老院的老人们一起欢度春节，让老人们感受到家人般的关怀和陪伴（潘锦秀摄，2021年2月）

2012年，独龙江乡第一所敬老院建成使用。目前，集中供养着21位五保户和孤寡老人。走进独龙江乡敬老院，映入眼帘的是干净整洁的院落，院内活动场所、宿舍、食堂等设施一应俱全。在各级各界的关心支持下，敬老院的生活越来越好，健康知识和法律知识也得到全面推广。2021年3月，有5对老人在相关部门的关心下足不出院办理了结婚证。

下页：独龙江敬老院中的老人们三三两两聚在一起，有的在长廊里晒太阳，有的坐在树下石凳上拉家常，乐享幸福晚年（潘锦秀摄，2013年7月）

以前，织独龙毯用的都是独龙族自制麻线。独龙族男子上山砍野麻（称"得其"）、割藤条，或是割人工种植的麻秆（称"几"），妇女用水浸泡后，撕皮剥茎，晾干后再作细致撕理，除去表皮上的疙瘩，将两根细麻合并搓成粗细均匀的麻线，边捻边绕成团。麻线搓成后，独龙族妇女把麻线放进铁锅中加入少许碱性草木灰，掺水边煮边搅拌，麻线色泽转白，再放进河里漂洗，并用木棒反复敲打至柔软，去除线上的残皮后麻线更显白净。之后，部分麻线放进各种植物制成的染色颜料水中搅匀、闷泡、煮沸，最后投进清水里漂洗、晾干，如此就可以进入纺线织布阶段。现在，随着外来各色麻线、棉线进入独龙江，越来越多的独龙族妇女购买现成的麻线和棉线织布，自制麻线越来越少。图为独龙族妇女在晾晒制好洗净的白净麻线 —— 独龙江乡巴坡村（刘征荣提供，1984年）

四、文化更自信

文化是一个民族的灵魂和根基，民族自信源于文化自信。独龙族一直保留着自己独特的传统民族文化，一个个非遗传承人被认定。十多年来，随着交通的改善和现代信息网络的发展，独龙族歌舞、富有独龙族特色的手工艺品和文化旅游活动被越来越多的人知晓和喜欢，独龙族传统文化被推向了全国、推向了世界，也推动着独龙族传统民族文化与社会主义核心价值观和其他民族优秀文化走向融合发展。

应邀到怒江民族中专教织独龙毯的独龙族民族文化传承人董春莲（左三），正在展示已经织好的一条独龙毯。独龙毯一般长1.8米—2米，宽约0.3米，一条独龙毯常由3—4幅连缀而成 —— 怒江州府泸水县六库镇（张晋康摄，2012年4月）

独龙毯——独龙族民族符号

独龙毯，独龙语称"约多"，意为披毯，是象征幸福吉祥的物品。绚丽多彩的独龙毯，结实耐用，昼可为衣、夜可当被，也是馈赠佳品，一直深受独龙族人民的喜爱。走进独龙族人家，映入眼帘的便是铺在床上、柜头、沙发上，挂于墙上的七彩独龙毯。重大节日时，人们常常把犹如彩虹的独龙毯披在身上。独龙毯也因此成为独龙族特有的民族符号。曾经，独龙毯的多少和质量，既是衡量财富的重要标志，也是评价独龙族妇女能力的标准之一。如今，随着商品经济和旅游业的发展，独龙毯既是独龙族生活必需品，也成为独龙族独具特色的手工艺品和旅游商品，承载着独龙族文化和独龙族人民对美好生活的向往和追求走向了世界，被越来越多的人喜爱。

藤竹编的传承与发展

独龙族的竹篾编制品，是用独龙江两岸生产的一种韧性极强的藤竹编制而成。曾经是独龙族群众必备的生产生活用品和馈赠佳品，也是独龙族青年男女的定情物。如今，在各种塑料制品充斥的时代，手工编织的藤篾制品出现了两种分化：一种是为满足市场上对生态产品的需求而编织的生产生活用品，另一种则成为了民族文化的手工艺品，是旅游商品，更是传承民族文化的艺术品。随着市场需求的多样化，藤篾编制品日益丰富多彩。

独龙江乡马库村孟邓的儿子孟新文(左一)和儿媳郭兰娜(右一)传承独龙族传统手工艺,把竹篾编制作为重要产业。他们把砍来的藤竹破成均匀的细篾皮丝,编制竹篾箩,再用藤芯编一条白色的背带,系在箩口边上,整体造型精巧别致,色彩搭配和谐。高30—40厘米、宽约20厘米的是"大口背箩";最小巧的称"达姑",是外出收纳随身物品的必备品,使用最为频繁(2019年6月)

剽牛祭天从祭祀到文化的变迁与发展

剽牛祭天曾经是独龙族向鬼神祈福的一种祭祀仪式，保留着平均主义思想。20世纪80年代，剽牛手孔志民曾说，这个仪式活动来自一个扶贫济困的传说故事，最终目的是将牛肉分给每个参加聚会的男女老少。现在，随着旅游业的发展，剽牛祭天成为独龙族文化最具有代表性的活动，其中的歌舞、仪式蕴含着独龙族丰富的历史和文化，更彰显了独龙族人民勤劳、勇敢，遇到困难勇于奋斗和拼搏的精神，以及团结互助的传统。

20 世纪 60 年代剽牛祭天——独龙江乡（杨光海摄，1960 年）

2014年，剽牛祭天成为独龙族独特的文化旅游活动，吸引了不少外来游客观看甚至参与体验——独龙江乡（贡山县委宣传部提供，2014年7月）

剽牛起舞庆节日，喜分牛肉乐开怀（王松摄，2019年11月）

游客和剽牛师合影——独龙江乡（武发菊摄，2016年10月）

巴坡村村民开展传统庆祝丰收的活动（潘锦秀摄，2019年10月）

下页：巴坡村群众在参加红歌比赛间隙给自己留影（潘锦秀摄，2019年8月）

结语

更好的日子还在后头

2019年3月8日下午,在3000公里之外的北京人民大会堂中央大厅里,独龙族人大代表马正山自豪地向全世界宣布:"独龙族从整体贫困实现了整族脱贫。"这是我国首次向世界宣布一个民族整族脱贫。独龙族提前两年解决了绝对贫困问题,创造了人类减贫史上的伟大奇迹。

2021年7月1日上午,习近平代表党和人民庄严宣告:"经过全党全国各族人民持续奋斗,我们实现了第一个百年奋斗目标,在中华大地上全面建成了小康社会,历史性地解决了绝对贫困问题,正在意气风发向着全面建成社会主义现代化强国的第二个百年奋斗目标迈进。这是中华民族的伟大光荣!这是中国人民的伟大光荣!这是中国共产党的伟大光荣!"独龙族与各民族同步全面建成小康社会!

时至今日,各级党委政府和社会各界对独龙江的帮扶还在继续,独龙族的奋斗还在继续,独龙江的发展如日夜奔腾不息的独龙江水一样永无止境。

昨天那个封闭、贫穷、落后的独龙族已经成为历史一去不复返,今天创造奇迹的独龙族走向更加美好的未来。

一、奋楫笃行扬新帆

2019年春夏之际,独龙江沸腾了,峡谷里飘荡着独龙族的歌声:"丁香花儿开,满山牛羊壮,独龙腊卡的日子,比蜜甜来比花香。高黎贡山高,独龙江水长,共产党的恩情,比山高来比水长。……"

4月10日,习近平总书记收到了独龙江干部群众汇报独龙族整族脱贫的喜讯,他的回信越过高黎贡山飞进了独龙江,为独龙族的发展指明了方向,激励着所有独龙江人继续努力奋斗:

让各族群众都过上好日子,是我一直以来的心愿,也是我们共同奋斗的目标。新中国成立后,独龙族告别了刀耕火种的原始生活。进入新时代,独龙族摆脱了长期存在的贫困状况。这生动说明,有党的坚强领导,有广大人民群众的团结奋斗,人民追求幸福生活的梦想一定能够实现。

脱贫只是第一步,更好的日子还在后头。希望乡亲们再接再厉、奋发图强,同心协力建设好家乡、守护好边疆,努力创造独龙族更加美好的明天!

独龙江乡干部群众满怀激情地阅读总书记的回信（管毓树摄，2019年4月）

2019年整族脱贫以后，马库村村主任布向军和驻村工作队员讨论未来的发展——独龙江乡马库村（2019年5月）

迪政当独龙族青年李荣明（左）种植的重楼长势良好，驻村帮扶工作队员县文联干部（右）到现场了解产业发展情况和需求——独龙江乡迪政当村冷木当组（2020年4月）

为庆祝中华人民共和国成立 70 周年，独龙江乡巴坡村新时代农民讲习所里，村民们在认真地学党史，坚定"听党话、感党恩、跟党走"的决心（贡山县委宣传部提供，2019 年 10 月）

二、勇毅前行创未来

峡谷之中，独龙族群众升国旗、唱国歌、颂党恩、传幸福，学文化、学党史、学政策、学技能，谋发展、创文明、促和谐、比美丽，一种勇于创新、开拓进取、互帮互带、勤奋团结的创业发展氛围正在逐渐形成。

峡谷之外，内通外联的柏油路，成为新的交通动脉；快捷便利的 5G 网络，改变着独龙族的思维和生产生活方式，也让独龙族走进全球的视野。越来越多的人走进独龙江探秘、休闲、学习、创业，越来越多的独龙江特色产品和独龙族文化飞向全国各地。

独龙族青年白忠平，迪政当村委会干部、党员致富带头人，原先居住在献九当村，高中毕业后因家庭贫困中断了学业，到迪政当村建筑工地打工，结识了现在的妻子，成家后定居迪政当村。他在村里开了"辛梦缘"客栈，带游客徒步旅游，向山外来客讲述独龙族传说故事、生产生活习俗、各种植物的独龙语称谓、寓意和用途等，让天南海北的人们了解、感知独龙族传统文化。他带领群众种茶和羊肚菌，收购、出售中药材、蜂蜜、羊肚菌等特产，利用微商、抖音直播拓宽销售渠道，日子越来越红火。他坚信勤劳就能致富，自强才能发展，对全村的未来充满信心和希望。图为白忠平正在用抖音直播推销独龙江蜂蜜 —— 独龙江乡迪政当村（贡山县委宣传部提供，2022 年 4 月）

龙元村独龙族妇女学习网上直播（刘会东摄，2022 年 5 月）

幸福的生活比蜜甜（罗金合摄，2014年10月）

独龙江乡迪政当村扶贫车间开展"非遗传承人群研培计划",邀请云南技师学院木雕老师为村民传授木工技能(贡山县委宣传部提供,2019 年 12 月)

下页:独龙族文面老人用独龙语唱着感恩共产党,向往未来幸福生活的歌织独龙毯,也在织着幸福生活——独龙江迪政雄当新村(2021 年 2 月)

幸福生活笑容甜——独龙江乡（潘锦秀摄，2019年11月）

生活在雪山之下、独龙江之畔的独龙族,从住房、服饰、生活、语言、歌舞都保留着民族传统,而现代文明也在潜移默化中融入其中,文化的交融使独龙族文化在传承中发展、在发展中得以传承。独龙江进藏公路的修建,"大滇西旅游环线"的逐步形成,"全域旅游"理念的践行,为独龙江的发展注入新的动力。

从前,独龙江外的人不敢进来,而峡谷内独龙族中能干的人想方设法要走出去。

今天,独龙江,在山河与生命的集结中,风景如画、物产丰富;独龙族,在古老与现代的交融中,美丽开放、和谐包容。独龙族在独龙江创新奋斗,独龙族女婿、媳妇走进独龙江创业发展。

未来,独龙江,是一种风景,是一种文化,是一种意境,是一种理想,独龙族人民将在此谱写新的传奇。

下页:今天的独龙族正在沿着小康之路奔向更幸福的未来(贡山县委宣传部提供,周天强摄,2018年11月)

幸福快乐的独龙族群众在载歌载舞（贡山县委宣传部提供，2017年12月）

后记

独龙族长期以来少为人知，过去大多出现在一些政府部门、科研工作者、摄影爱好者和旅游探险者的调研成果或札记、随笔等文字中。随着独龙族实现整族脱贫和"一跃千年"的巨变，创造了人类减贫史上的奇迹，"独龙族"备受瞩目。

2013年以来，我和父亲在共同创作《决不让一个兄弟民族掉队——图说怒江扶贫与跨越50年》一书的过程中，深为独龙族发展历程所震撼，萌生了专门为此创作图书的想法。2019年2月，独龙族率先宣布从整体贫困实现整族脱贫，我们更坚定了这一想法。这与云南人民出版社的金学丽老师不谋而合，在金老师的鼓励和指导下，我们多次讨论、反复斟酌，最后确定书名为《独龙相册：从刀耕火种到全面小康》。

在书稿创作中，父亲宋林武以自己积累的照片和故事为主，坚持每年进独龙江拍摄、调研，补充反映新情况新变化的照片和故事（书中照片除了署名和注明出处的以外，都是父亲拍摄的）。他还翻拍和甄选了1978年以前的历史照片，并尽可能地收集相关部门以及个人的照片和故事，力图把独龙族每个历史阶段中具有典型意义、能够反映时代特征、展示历史变化和走向的故事、人物、场景都汇集起来。我查阅和收集了大量的历史资料以及2013年以来独龙族脱贫发展的数据资料和典型案例，并数次进入独龙江乡开展深入调研。在此基础上，我和父亲一起把汇集起来的照片、故事和数据资料，分专题并以时间为脉络进行编撰。我们力求把一个民族的历史，浓缩于一幅幅照片所定格的经典瞬间，将照片背后的故事娓娓道来，让静态的照片活起来、动起来。

《独龙相册：从刀耕火种到全面小康》一书的创作完成和顺利出版，得到了很多单位和个人的大力支持。云南省民族宗教事务委员会和云南人民出版社、云南民族出版社给予了极大的关心和支持；怒江州、贡山县、独龙江乡党委、人民政府以及驻村工作队提供了大量的资料和照片，并在调研和拍摄过程中给予了大力支持和帮助；独龙江乡6个村委会干部和独龙族群众在调研和拍摄中积极协助和配合，提供了大量的资料和故事；还有一些对独龙族非常关注的专家学者、摄影爱好者和干部群众献出了他们珍藏或拍摄的照片(书中使用的都有相关说明,但大部分照片受篇幅所限没有使用),并对书稿的修改完善提出了宝贵的意见和建议;云南省社会科学院为本书的创作修改提供了工作条件和时间;编辑金学丽老师在本书的策划、实施过程中,高效而专业,倾注了大量的心力,在此表示衷心的感谢。还要特别感谢我的家人在此书创作中给予的鼎力相助和关心支持。

《独龙相册:从刀耕火种到全面小康》在大家共同努力下终于和大家见面了。受篇幅限制,此书展现的仅是独龙族奋斗史中的一个缩影,很多精彩内容无法展示出来。因为作者水平有限,本书还有很多不足之处,敬请大家批评指正、多多包涵。

宋 媛

2023 年 3 月 26 日于昆明

图书在版编目（CIP）数据

独龙相册：从刀耕火种到全面小康 / 宋媛著；宋林武等图． -- 昆明：云南人民出版社：云南民族出版社，2024.1

ISBN 978-7-222-20382-2

Ⅰ．①独… Ⅱ．①宋…②宋… Ⅲ．①独龙族－民族历史－云南－画册 Ⅳ．①K286.5-64

中国国家版本馆 CIP 数据核字（2023）第 154269 号

项目负责人：段兴民　普毅
责任编辑：金学丽　柴锐　柳云龙
美术编辑：胡元青　孙衡
书籍设计：白凤鹍
责任校对：崔同占　李红
责任印制：代隆参

独龙相册：从刀耕火种到全面小康

宋媛　著　　宋林武 等　图

| 出　　版：云南人民出版社　云南民族出版社
| 发　　行：云南人民出版社
| 社　　址：昆明市环城西路 609 号
| 邮　　编：650034
| 网　　址：www.ynpph.com.cn
| E-mail：ynrms@sina.com
| 开　　本：787mm×1092mm　1/16
| 印　　张：25
| 字　　数：550 千
| 版　　次：2024 年 1 月第 1 版第 1 次印刷
| 印　　刷：云南出版印刷集团有限责任公司华印分公司
| 书　　号：ISBN 978-7-222-20382-2
| 定　　价：260.00 元

云南人民出版社微信公众号